股权激励与合伙人制度

实操手册

高俪杰 —— 著

天津出版传媒集团

天津人民出版社

图书在版编目（CIP）数据

股权激励与合伙人制度实操手册 / 高俪杰著 . -- 天
津：天津人民出版社，2022.5
ISBN 978-7-201-18308-4

Ⅰ．①股… Ⅱ．①高… Ⅲ．①股权激励－手册②合伙
企业－企业制度－手册 Ⅳ．① F272.923-62
② F276.2-62

中国版本图书馆 CIP 数据核字（2022）第 053657 号

股权激励与合伙人制度实操手册
GUQUANJILI YU HEHUOREN ZHIDU SHICAOSHOUCE

出　　版	天津人民出版社	
出 版 人	刘　庆	
地　　址	天津市和平区西康路 35 号康岳大厦	
邮政编码	300051	
邮购电话	（022）23332469	
电子邮箱	reader@tjrmcbs.com	
责任编辑	陈　烨	
装帧设计	尧丽设计	
印　　刷	衡水翔利印刷有限公司	
经　　销	新华书店	
开　　本	880 毫米 ×1230 毫米　　1/32	
印　　张	5.5	
字　　数	113 千字	
版次印次	2022 年 5 月第 1 版　　2022 年 5 月第 1 次印刷	
定　　价	42.00 元	

股权激励 ≠ 合伙人制度

如今，对大多数企业而言，招募和留住人才已经成为一个迫在眉睫的战略性问题。许多企业绞尽脑汁，使出浑身解数，依然招不到、用不好、留不住关键人才。

这是一个时代性的管理难题。为了摆脱困境，解决问题，股权激励和合伙人制度应运而生。

股权激励的核心思想在于，通过股权这个"金手铐"来捆绑对企业发挥重要作用的关键人才，使人才把个人利益和企业利益、当下利益和长期利益捆绑在一起，并使人才对企业产生归属感，和企业一起成长和发展。

合伙人制度的核心内容是股权激励，但又不仅仅止步于股权激励。它的完整思想是，要在企业中建立"共识、共创、共担、共享"的企业文化。而在这几项内容中，只有"共享"才是股权激励计划的内容。

从某种程度上说，合伙人制度是股权激励的发展和延伸。两者的不同之处，可以概括如下：

◆股权激励侧重于整合资本，合伙人制度则侧重于整合资源。

◆股权激励侧重于资本的价值分配，合伙人制度则侧重于人创造价值的分配。

◆股权激励受法律和其他因素的制约较多，合伙人制度则相对灵活一些，具有较大的操作空间。

◆股权激励要求参与者对投资负责，而合伙人制度还要求合伙人对经营负责。

◆股权激励属于短期激励，合伙人制度则属于长期激励。

在运营实践中，许多企业家和高管误将股权激励等同于合伙人制度，以至于在实施过程中出现了混淆，让管理工作变得更加混乱。

为了传播股权激励与合伙人制度的正确知识和理念，为企业所有权者提供解决管理问题的有效方法，特作此书。

CONTENTS 目录

上 篇
股权激励

第一章
股权激励，企业
管理新工具

第二章
不同模式下的
股权激励

第三章
因"期"而异，恰当
选择激励方式

第四章
合理设计方案，
引导激励行为

第五章
完善实施与管理，优化
股权激励成果

股权激励，企业管理新工具

×

×

如今，大多数知名企业都实行股权激励，想以此留住人才，提升管理效率。对想要持续发展的现代企业来说，股权激励已经成为不可或缺的管理工具之一。让利益相关者积极参与企业运营，会给企业带来更加丰厚的利润。

什么是股权激励

　　所谓股权激励，是企业所有权者出于某种目的，将股权的部分或全部权利分享给利益相关者（如企业的中高层管理者、业务精英、技术骨干等）的行为。实施股权激励，可以提升利益相关者的热情，使他们更全面、更深入地参与到决策、分享收益等过程中，更加尽职尽责地完成自己的工作。

　　股权激励是企业完善管理制度、降低运营风险、实现持续发展的有效方法之一，对企业和员工的成长都会起到积极的促进作用。

　　具体来说，我们可以从以下三个角度来理解股权激励。

1. 管理角度

　　从管理角度来说，股权激励是一种非常有效的工具。在企业运营的过程中，优质的管理可以提升工作效率，创造更多的利润和价值。通过股权激励这种方式，可以让利益相关者与企业连接得更紧密，从而更加积极、主动地为企业献计献策，令企业变得更有活力和向心力。一旦利益相关者愿意充分调动主动性，为企业的发展贡献力量，那么企业所有权者的管理将会变得简单。也就是说，企业所有权者可以通过股权激励来有效降低管理成本。

2. 利益分配角度

从利益分配角度来说，股权激励是一种收益的共享。企业从弱小到变得强大，是企业所有员工共同努力的结果。在如今这个人才为王的年代，人才是企业发展的保障。如果人才流失过多，企业最终只会走向消亡。如果企业所有权者只关心个人利益，而对核心员工的利益却缺少关心，那么当二者所获利益差距过大时，核心员工难免会心生不满。企业所有权者将一部分利益与核心员工共享，是一种高深的智慧。

3. 投资角度

从投资角度来说，股权激励是一种回报丰厚的长期投资。企业所有权者通过股权激励来激发员工的积极性和向心力，从而让员工更长久地在企业工作，并创造更多的价值。

由上述内容可知，股权激励在多个方面都会产生积极的推动作用。它是现代企业管理的必然选择，也是企业所有权者获取更多利益的重要手段。

一问一答

问 什么是股权？

答 股权就是有限责任公司或股份有限公司的权利人对享有表决权、分红权、身份权、管理权的一种综合性的表达。

股权激励的理论支持

如今，股权激励已经在很多企业落地，这些企业也在实际操作的过程中得到了实实在在的利益。那么，实施股权激励需要哪些理论支持呢？

一般来说，比较常见的理论有以下几种。

1. 人力资本理论

在知识经济时代，人力资源是第一生产力。人力资本理论①认为，人力资本（体现在人身上的资本）是社会财富增值的重要一环，应该与物质资本、货币资本具有相同的地位。人力资本代表着人的能力素质，考量的因素主要有知识、技能、资历、经验和工作熟练程度等。在经济学范畴中，它是一种特殊的产权，理应获得因增值而产生的资本收益。

从本质上来说，股权激励就是人力资本拥有者根据自己对企业的贡献水平来索取相应回报的一种方式。人力资本理论出现之后，企业

---

① 人力资本理论：是以舒尔茨和贝克尔为代表的经济学家提出来的一种理论，开辟了关于人类生产能力的崭新思路。

才意识到应该对人力资本的价值进行考量，并以此作为定价的工具。

2. 委托代理理论

现代企业往往采取所有权和经营权分离的运营模式。企业所有权者会将企业的经营权委托给职业经理人，以求实现企业利益的最大化。在这种情况下，委托代理理论应运而生。该理论的核心问题在于，由于信息不对称，导致代理人难以实现委托人利益最大化这一目标。如果是事前的信息不对称，可以称作逆向选择模型；如果是事后的信息不对称，可以称作道德风险模型。

一旦经营者利用信息不对称来谋取个人利益，企业的利益自然会被侵蚀，这种侵蚀被称作代理成本。实行股权激励，让经营者成为企业所有权者之一，能在一定程度上约束经营者，从而有效降低代理成本。

3. 产权理论

产权理论[①]认为，企业绩效的高低与产权是否清晰有着非常紧密的联系。产权越清晰，企业创造的利润越容易在企业所有权者中分配。

企业的类型不同，产权的归属情况也有所不同。但是有一点是相同的，那就是产权越模糊，公司的秩序就越混乱，股权激励的效果就越差。

4. 管理激励理论

股权激励是一种管理手段，也是一种激励措施。管理激励理

---

① 产权理论：在该理论中，产权主要是财产权或财产权力。从权力本身看，它是以财产权为主体的一系列财产权利的总和，包括占有、使用、收益和处分等权利。

论，也称作满足的理论，是从人的需求出发，对股权激励做出了深刻的论证。比较常见的管理激励理论有马斯洛需求层次理论、赫兹伯格的双因素激励理论等。

在马斯洛的需求层次理论中，每个人都有五种最基本的需求，其层次从低到高依次是：生理需求、安全需求、社交需求、尊重需求和自我实现需求。

赫兹伯格将影响个人行为的因素分为两种：一种是保健因素，另一种是激励因素。

保健因素是指与工作环境或工作条件有关的因素，包括薪酬、地位、工作条件、公司政策和后勤保障等。这个因素处理得好，能在一定程度上预防或消除员工的不满情绪，但它没有激励效果，无法给员工带来满足感。

激励因素是指与工作内容紧密相关的因素，包括工作上的成就感、工作的挑战性、社会的认可程度和个人综合素质的提升等。这个因素处理得好，会使员工产生满足感，从而有更高的工作热情；即便处理不好，员工也只是没有满足感，而不至于产生不满情绪。

5. 不完全契约理论

不完全契约理论[1]是以合约的不完全性为起点，寻找财产权或剩余控制权的最佳配置方案。这一理论认为，人的理性是有限的，获得的信息具有不完全性，交易事项也存在不确定性，所以不可能拟

---

[1] 不完全契约理论：由于实践过程中的有限理性或者交易费用的影响，使得现实中的契约是不完全的。

定完全契约，不完全契约才是普遍现象。当契约不完全时，所有权的意义非常重要，将剩余控制权交给投资决策相对重要的一方，效率才会更高。

实施股权激励其实就是一个缔结契约的过程，而由于契约具有不完全性，很可能导致激励计划无法实现或者产生某种纠纷。在设计股权激励方案时，需要考虑这一问题。

除了上述几种主要的理论外，还有博弈论、期望理论、公平理论和现代收入理论等可作为股权激励的理论支持。

对企业所有权者来说，这些理论是设计和实施股权激励的重要支撑。在运营企业的过程中，必须熟练掌握。

一问一答

问 股权的两大收益是什么？

答 分红收益和转让收益。

分红收益是指当激励对象成为公司的股东后，公司会按照约定在每个自然年结束后，将公司的可分配利润按照分红比例分配给股东。

转让收益，也称为增值权，即在合适的时机并在公司允许的条件下，激励对象可以将股份转让给其他投资人、股民等第三方，从而获得收益。

股权激励的基本原则

　　股权激励的设计和实施，需要遵循一些基本原则。对企业所有权者来说，这些原则构成了一个不能破坏和逾越的框架，只有在相应的框架内展开必要的工作，才能更高效地实现激励。

　　比较常见的基本原则有以下几个。

1. 守法合规原则

　　企业运营和发展的重要前提之一是要遵守国家的法律法规。随着法律制度的不断完善，企业所有权者需要参考和借鉴的法律法规也随之增多。这就要求企业所有权者要与时俱进，时刻对法律法规保持敬畏和敏感。任何违反法律法规的激励方案，在法律层面上都是无效的，非但无法起到激励作用，还会带来各种纠纷。

2. 自愿参与原则

　　每个人都是自由的，有权利自行选择是否参与股权激励。企业不能违背尊重员工自由的法律规定。而且，设计和实施激励方案的目的是激发员工的热情，如果强迫员工参与其中，只会起到相反的作用。正确的做法是，分析员工不愿参与其中的原因，处理可能存在的问题，让员工毫无顾虑地参与到股权激励的计划中。

3. 风险共担原则

实行股权激励的目标之一，是实现利益共享。既然享有分享利益的权利，自然也应该担起承受风险的责任。采取某些衡量标准（如出资等）对激励对象进行相应的考查，可以检验出激励对象是否真的愿意与公司共进退。在实践中，应当考虑激励对象的实际能力，以免让他们承受过大的风险。

4. 激励与约束结合原则

股权激励作为激励员工的一种手段，既能让员工得到实实在在的利益，也能调动他们的积极性。对企业的持续发展来说，这是一种很好的现象。可是，这种激励不能毫无约束，或者是员工只分享利益却不承担责任。只有将激励方案与约束措施相结合，才能顺利实施股权激励，并让它发挥最大的作用。

除了上述几种基本原则，设计股权激励方案时还应该考虑企业进入资本市场的前景。如果股权架构不合理，那么投资人是不愿意对企业进行投资的。一旦如此，企业想要上市就会变得非常困难。也就是说，在设计股权激励方案的过程中，应该把眼光放得长远一些。

总之，只有遵循基本原则设计出来的股权激励方案才是科学、有效的。对设计者来说，基本原则不能破坏。

┌─ **一问一答** ─────────────────────────────┐

问 在什么情况下，企业需要实施股权激励？

答 在企业遇到管理问题（如员工缺乏激情或责任心、缺乏工
作动力、离职率过高等）时，企业可以采取一般性激励措
施。如果不见效，可以考虑实施股权激励。

└───────────────────────────────────────┘

股权激励方案必备的十一个要素

股权激励能否成功，激励效果如何呈现，会受到各种要素的影响。想要达到最佳的激励效果，就要充分、全面地考虑股权激励方案必备的十一个要素。

1. 激励目的

实施股权激励的目的多种多样，在企业的不同发展阶段，激励目的也会有所不同。通常来说，实施股权激励的目的有提高业绩、降低成本、回报员工和留住人才等。确定了激励目的，才能有的放矢地设计激励方案。

2. 激励模式

由于企业性质、内外部环境、激励对象等情况有差异，所以激励模式会呈现多样性。在选择激励模式时，应该充分考虑企业性质、激励对象、原有股东意愿、企业发展潜力、激励成本和资本运作需求等因素的影响。

3. 时间安排

在一个股权激励方案中，各项计划的展开和完成都应该有十分明确的时间节点。做好时间安排，按部就班地展开各项工作，才能够确保计划顺利执行和完成。具体来说，需要确定的时间有股权授予日（又称援予日，即公司向激励对象援予股权激励的日期）、有效期（整个股权激励计划的期限）、等待期（指激励对象在行权之间需要等待的时间）、行权日（激励对象行使权利的开始时间）及禁售期（指激励对象不可进行销售或转让股权的期间）等。

4. 股票和资金的来源

在设计股权激励方案的过程中，股票和资金的来源是必须考虑的基础因素之一。在实际操作中，需要根据企业的性质做出相应分析。

根据《上市公司股权激励管理办法》规定，拟实行股权激励的上市公司，可通过向激励对象发行股份、回购本公司股份，以及法律、行政法规允许的其他方式来作为标的股票来源。同时，上市公司股权激励对象出资多以自筹资金为主。

在非上市公司中，向激励对象增发股份是比较常用的解决股票来源的方法。此外，股份预留、注册股份转让、大股东转让、增发、无偿赠予等方式也是股票的重要来源。同时，资金来源主要有自筹资金、借款、薪酬抵扣、分红抵扣等。

5. 激励对象

股权激励的对象应该是企业的核心人才，他们或拥有关键技术，或拥有关键资源，或能支撑企业的核心能力，或掌握企业的核心业务。通常来说，核心人才包括企业高管、技术类核心人才和营销类人才等。企业在选择激励对象时，要坚持宁缺毋滥的原则，遵守法律法规的要求与规定。

中小民营企业实施股权激励时，更加偏重当前的在职员工，即与公司签订劳动合同的正式员工。

6. 股票价格

一般情况下，股票可以分为实股①和虚拟股②。实股即注册股，需要花钱购买，而虚拟股则不需要花钱购买。也就是说，需要考虑股票价格这一要素的股票是实股。具体到定价的方式及如何定价，不同性质的企业会有不同之处。

在上市公司中，股权激励计划的行权价格会有相应的股票价格作为参照；而在非上市公司中，股权激励计划的行权价格的确定方法，一般是对企业的价值进行专业的评估，以便确定每股股票的价值，并把它当作股权行权价和出售价的基础。

7. 股权激励的数量

股权激励的数量，包括总量和个量两个概念。

激励总量受企业股本、薪酬规划、留存的股权数量等因素的影响。在做股权激励时，首先要保证原有股东对企业的控制权，并根据薪酬水平和留存的股权数量来确定激励总量。

激励个量的确定，要在符合法律法规的前提下，对激励对象的

---

① 实股：指通过工商注册的股权，需要实际出资，受法律保护。
② 虚拟股：指企业授予激励对象的一种虚拟股票，激励对象可以据此享受一定数量的分红权和股价升值收益，但没有所有权。

个人贡献进行评估，并平衡股权激励对象的收入结构，进而确定每个激励对象能够获得的股权激励数量。

8. 授予条件

在实施股权激励计划的过程中，激励对象想要获得股权需要满足一定的条件。在上市公司和非上市公司中，实施股权激励计划的授予条件也是有所不同的。

（1）上市公司需要满足的法定条件。

根据《上市公司股权激励管理办法》的规定，上市公司想要符合法定主体资格要求，就不能出现下面的情形：①最近一个会计年度财务会计报告被注册会计师出具否定意见或者无法表示意见的审计报告；②最近一个会计年度财务报告内部控制被注册会计师出具否定意见或无法表示意见的审计报告；③上市后最近36个月内出现过未按法律法规、公司章程、公开承诺进行利润分配的情形；④法律法规规定不得实行股权激励的；⑤中国证监会认定的其他情形。

根据《上市公司股权激励管理办法》的规定，激励对象如果想获得法定获授条件，则不能出现下面的情形：①最近 12 个月内被证券交易所认定为不适当人选；②最近12个月内被中国证监会及其派出机构认定为不适当人选；③最近12个月内因重大违法违规行为被中国证监会及其派出机构行政处罚或者采取市场禁入措施；④具有《中华人民共和国公司法》规定的不得担任公司董事、高级管理人员情形的；⑤法律法规规定不得参与上市公司股权激励的；⑥中国证监会认定的其他情形。

（2）非上市公司需要满足的条件。

非上市公司实施股权激励计划，并没有法定的授予条件。而且，由于非上市公司实施股权激励计划的前提就是满足某些授予条件，所以通常并不需要设置授予资格主体条件。只不过在对同一岗位的不同员工分别进行股权激励时，要说明为什么激励有所不同。这样做的目的，一方面是确保公平性，另一方面是避免员工之间产生猜忌，影响团结。

9. 行权条件

满足授予条件，员工就有了拿到股权激励的机会。但激励对象对获授的股权行权时还必须达到或满足一定的条件，即行权条件。

在上市公司中，达到行权条件的最基本条件就是激励对象和公司必须满足相应的授予条件。在此基础上，上市公司可以在符合《上市公司股权激励管理办法》中相关规定的前提下，根据自身情况去设定绩效考核指标。通常来说，公司会要求激励对象在行权的上一年度保持合格或良好的绩效考核结果。

在非上市公司中，股权激励计划的行权条件反映的是公司投资人的意愿，是投资人授予股权激励标的之后的预期回报要求，是触发股权激励计划的门槛。当投资人觉得股权激励行为会为其带来超额回报时，才会让激励对象达到行权条件。

10. 管理制度

好的股权激励计划，应该包含一系列相应的管理制度。通过管理确保计划有效实施，才能真正发挥股权激励计划的作用。

通常来说，股权激励计划的管理内容应该包括以下几个方面。

（1）管理机制。

股权激励计划的管理可以分为两个层面：政府层面的管理以中国证监会等部门的相关制度为准，公司层面的管理则由董事会负责。

（2）调整机制。

公司的资金情况、外部环境等时常会发生一些变化，股权激励计划也应根据这些变化适当做出调整。通常来说，需要调整的情况有两种：①正常股份变动，如送股、配股、增发新股等；②公司发生重大变化，如公司发生并购、控制权发生变化等。

（3）修改机制。

除了调整机制中出现的情况，在实际运营中还可能出现因其他原因需要调整股权激励标的数量等条款的情况，这时就会触发修改机制。修改激励方案必须征得激励对象的同意，并最终由股东大会审议批复。

（4）变更机制。

如果公司控制权发生变更、合并、分立，而导致激励标的发生变化，应该对激励标的进行调整，以保证激励对象的预期收益不受损害。如果激励对象发生职务（升迁、降职）、获授资格、离职（解聘、正常）、死亡等方面的变化，应该根据激励方案的约定，对股权激励方案进行变更。

（5）终止机制。

股权激励计划的终止，受多种因素的影响，比较常见的因素有：①公司不具备实施股权激励计划的资格；②激励对象不具备获得股权激励标的的资格；③公司董事会主动撤销股权激励计划。

11. 退出机制

制定退出机制是维持公司长期正常运营的手段之一。毕竟公司要不断发展壮大，员工会越来越多，如果没有退出机制，那么公司最终会面临无股权激励可用的局面。只有不断地加入和退出，才能让激励方案长期、有效地实施下去。

任何一家企业，只要熟练掌握这些要素，那么实施股权激励就有了成功的基础。

一问一答

问 公司实行股权激励计划有哪些要遵从的法律法规？

答 主要有：《上市公司股权激励管理办法》《上市公司证券发行管理办法》《中华人民共和国公司法》《中华人民共和国证券法》，以及财政部、国家税务总局、国务院办公厅、上交所、深交所等机构颁布的相关税务、会计、管理方面的各类通知、办法、指引等。

股权激励的相关专业术语

　　股权激励是企业发展的重要管理手段，在制订相应计划时，不仅需要遵循法律法规，还会涉及一些非常重要的专业术语。通常来说，专业术语的释义是依据法律法规而定，但在具体操作过程中，各家企业会根据自身情况做相应的调整。

　　下面介绍一下《上市公司股权激励管理办法》中涉及的一部分专业术语。

1．标的股票

　　标的股票是指根据股权激励计划，激励对象有权获授或者购买的上市公司股票。

2．权益

　　权益是指激励对象根据股权激励计划获得的上市公司股票和股票期权[①]。

---

3. 授出权益（授予权益、授权）

授出权益是指上市公司根据股权激励计划的安排，授予激励对象限制性股票和股票期权的行为。

4. 行使权益（行权）

行使权益是指激励对象根据股权激励计划的规定，解除限制性股票的限售、行使股票期权购买上市公司股份的行为。

5. 分次授出权益（分次授权）

分次授出权益是指上市公司根据股权激励计划的安排，向已确定的激励对象分次授予限制性股票、股票期权的行为。

6. 分期行使权益（分期行权）

分期行使权益是指根据股权激励计划的安排，激励对象已获授的限制性股票分期解除限售、已获授的股票期权分期行权的行为。

7. 预留权益

预留权益是指股权激励计划推出时未明确激励对象、股权激励计划实施过程中确定激励对象的权益。

8. 授予日或者授权日

授予日或者授权日是指上市公司向激励对象授予限制性股票、股票期权的日期。授予日、授权日必须为交易日。

9. 限售期

限售期是指股权激励计划设定的激励对象行使权益的条件尚未形成，限制性股票①不得转让、用于担保或偿还债务的期间，自激励

---

① 限制性股票：指激励对象按照股权激励计划规定的条件，获得的转让等部分权利受到限制的本公司股票。

对象获授限制性股票完成登记之日起算。

10. 可行权日

可行权日是指激励对象可以开始行权的日期。可行权日必须为交易日。

11. 授予价格

上市公司向激励对象授予限制性股票时所确定的、激励对象获得上市公司股份的价格。

12. 行权价格

上市公司向激励对象授予股票期权时所确定的、激励对象购买上市公司股份的价格。

13. 标的股票交易均价

标的股票交易总额/标的股票交易总量。

一问一答

问 股权激励方案一般由谁起草？

答 如果是上市公司，按照《上市公司股权激励管理办法》第三十三条的规定："上市公司董事会下设的薪酬与考核委员会负责拟订股权激励计划草案。"

如果是非上市公司，通常由公司创始人或者外部咨询机构来起草方案。

股权激励的价值和风险

企业实施任何一项措施，都需要经过前期的调查和评估。而该项措施能够创造的价值及带来的风险，都应该成为调查和评估的重要内容。

就股权激励而言，它发挥的作用主要表现在奖励、激励和融资等方面，其价值主要表现在以下几个方面。

（1）吸引和留住企业所需的关键人才，提升工作效率，促进业绩增长，提升企业的整体价值。

（2）降低工资和奖金成本，提高净利润。

（3）激励和约束员工，有效减少企业委托代理成本和员工的短视行为。

（4）给予老员工和做出较大贡献的员工相应回报，激发他们的工作积极性。

（5）构建奖罚分明的企业制度，促进内部竞争。

（6）通过股权来削减部分老员工的权力，从而带动企业的发展和升级。

（7）完善公司的管理结构，股权明晰，有助于资产升级。

（8）为急需资金的企业解决燃眉之急。

股权激励所具有的价值，体现在它能够为企业带来更多的价值。可是从另一个角度来看，股权激励也会给企业带来一定的风险，具体表现在以下几个方面。

（1）股权转让给激励对象，但是他们对企业的发展并不看重，导致白白付出成本。

（2）股权期权分配不够平均，给企业造成不良影响。

（3）公司业绩不好，让员工产生失望情绪。

（4）绩效考核条件难以准确界定，导致员工绩效计算不准确。

（5）企业所有权者对企业的掌控受到削弱。

（6）企业所在行业前景不佳，员工抛售股权，给企业带来现金流量的压力。

综上所述，在企业经营中，股权激励兼具价值和风险。作为企业所有权者，应该综合考量各种因素，权衡利弊之后再考虑是否应该实施股权激励计划。

一问一答

问 从当前中国国情来看，股票期权更适合哪种企业？

答 目前来看，股票期权更适合快速成长的非上市企业，但成长性较高的上市企业同样可以实施股票期权激励。

第二章

不同模式下的股权激励

企业的运营模式和发展周期不同，能够选择的股权激励模式也有所不同。每一种激励模式都有其优点和劣势，在确定具体的模式之前，对各种模式应该有比较充分的了解。

七种基本股权激励模式

七种基本股权激励模式，可以看作七种基本的股权激励设计思路。但在实际操作过程中，每家公司要根据自身实际情况，对激励模式做出相应的调整。只要改变股权激励要素中的任何一个，都会对股权激励模式产生影响。也就是说，股权激励的模式会有很多种变化。

企业的构成、发展状况有所不同，且对股权激励的认知和诉求不尽相同，使得多种激励模式都有存在的空间。但是，各种变化的模式都是从基本模式中发展而来的。

下面介绍一下股权激励比较常用的七种模式。

1. 干股

干股也被称作身股、分红权、岗位在职股等，拥有干股的激励对象有权享受企业的部分可分配利润。

大多数情况下，干股并不需要花钱购买，因为它是一种额外的奖励。例如年前承诺一定的干股比例，年后从公司的可分配利润中拿出一定比例给员工进行分配。而且，干股一般会和岗位挂钩，而与个人绩效无关。

通常来说，干股在三种情况下会产生激励作用。第一种是行业内对比时，企业采取具有明显优势的干股激励措施；第二种是企业内部人员进行对比时，没有干股奖励的员工会向有干股奖励的员工学习；第三种是员工仍在为生存而努力时，干股奖励的身份、地位象征会发挥巨大的作用。

2. 股票期权

在某些国家，期权是使用最多的激励模式。它最初来自金融衍生产品，后来被发现具有极大的激励效果，逐渐被各家企业争相运用。

对激励对象来说，股票期权是一种权利而非义务，在行权日到来时，激励对象可以按照自己的意愿选择行权或放弃行权。当然，如果激励对象因某种原因而提前退出，那么所签合同会即刻宣告作废，对公司的股权结构并不会造成影响。

在股票期权收益方面，上市公司激励对象获得的期权收益大部分来自股票的转让收益，非上市公司激励对象获得的期权收益则主要来自企业分红或者回购。

3. 增值权

增值权其实是股票期权的一种变形。激励对象在行权时，先要自己募集一定数额的资金，以购买约定数量的股票。在收到股票之后，激励对象可以在行权期内将股票卖出，从而获得利润。

在整个过程中，激励对象其实就是通过一买一卖获利。为了简化交易流程，企业可以直接把激励对象通过一买一卖而获得的差价利润支付给他们。这种授予激励对象可以接受支付差价的权利被称为增值权。

在行权之前，增值权只是一种权利，只有在行权后才会变成现金或者实股。一般情况下，对非上市公司而言，增值权最终都会以现金的形式体现。由于增值权并不会对企业的所有权和控制权产生影响，所以在一些国有企业中，它也是比较常用的激励方式之一。

4. 期股

相对干股而言，期股的激励模式更容易被人理解。简单说来，就是开放工商注册股，现有的激励对象可以按照某种价格购买公司的原始股权。在全额购买了原始股权后，激励对象就可以享有股东的权利。

一般来说，期股交易并不是一次性交易，而是多次、多年的交易。也就是说，这种交易往往需要时间要素参与，这也是它被称作期股的原因。

5. 限制性股权

这种股权激励模式主要用于特定目的的激励，对激励对象具有一定的限制性。而且，这种限制性在获取条件和出售条件上都有所体现。

具体而言，激励对象只有在工作年限（主要针对稀缺人才）或业绩达到激励计划规定的前提下，才能按照约定的条件获得公司授予的一定数量的公司股票，进而通过出售限制性股票获得利润。

限制性股权的激励模式主要有两种类型，分别是折扣购股型激励模式和业绩奖励型激励模式。

6. 业绩股权

这种股权激励模式表现为"事先承诺，完成业绩指标（公司的财务指标或个人的KPI指标）后，公司兑现承诺"。中国企业开始实施股权激励制度之初，推广较为广泛的模式就是业绩股权。这一模式的最大特点是，激励对象的收益水平完全取决于他们完成了多少业绩。

也就是说，在这种激励模式下，业绩指标的完成度是衡量一切的标准，与股市风险等不可控因素并没有直接的关联。不过，因为只有在条件满足后，激励对象才会获得对等的收益，所以业绩股份的激励效果一般。

7. 虚拟股权

所谓虚拟股权，是指激励对象可以享有分红权、增值权等与实际持股相同的权利。虚拟股权可分为两种形式：一种偏向实股，另一种偏向干股。

激励对象如果能完成公司制定的业绩目标，就能享受一定的虚拟股权。一旦激励对象违反相关限制性约定或离开公司，那么虚拟股权将自动失效。

虚拟股权的一大特点就在于"虚拟"，并不真正占用实股的份额。这种激励模式的激励性不如实股，主要收益来自分红和公司股权回购。

股权激励模式的发展和变化，都建立在这几种基本模式的基础之上。了解和熟悉基本模式的实施方法，并将它们融会贯通，才能让股权激励的激励效果更加显著。

┌─ **一问一答** ─────────────────────────────────

> 问 有了七种基本股权激励模式，那么具体的股权激励方案设
> 计会有哪些步骤呢？

> 答 股权激励方案的设计一般有七步：①评估企业的特征和环
> 境，确定员工需要激励的程度；②确定企业评估结果与需
> 要激励程度之间的关系；③确定激励目标；④比较激励模
> 式的激励性和约束性；⑤比较可选择的激励模式；⑥制定
> 股权激励方案的各要素；⑦事后管理。

常用单一模式，基本模式"变形记"

如今，股权激励管理方式已经被很多企业运用，并发挥着巨大的作用。在长期的实践中，股权激励的模式一直在不断变化和丰富。

在基本模式的基础上进行变形而产生的单一激励模式中，比较常见的有以下几种。

1. 阿米巴式干股激励模式

近几年，阿米巴理论在中国掀起一阵热潮。这种理论运用的逻辑与包干的激励原理一样。只不过，阿米巴式干股激励是以"经营会计"为中心，更强调独立核算。

这种激励模式对公司的管理水平和精细化运作能力具有较高的要求，对激励对象的知情权具有较高的保障程度。

相对而言，这种激励模式更适合劳动密集型企业。如果是在互联网企业中，它可能会使独立核算单位之间产生更厚重的壁垒，对企业整体的战斗力产生负面影响。

2. 再定价期权模式

在一些上市公司中，"低薪酬，高期权"是一种常用的股票期权激励方式。在股票市场一路向好时，股票价格上涨，激励作用会随之增强；一旦股票市场一蹶不振，股票价格下跌，那么激励对象的积极性就会受到巨大的打击。

当股票市场过于低迷，并对期权激励的实施产生影响时，公司董事会有必要重新讨论激励方案，以达到安抚激励对象的情绪及重新激发其工作积极性的目的。

这个重新设计方案的过程，就是对期权进行再定价。采取这样的措施，既能安抚员工，提升核心员工的工作积极性，维持公司的稳定性，又能降低管理费，帮助公司度过低潮期。

3. 账面增值模式

很明显，这种激励模式是增值权的变形。它的激励原理和增值权一样，只不过公司市值核算的基础有所不同。

这种激励原理简单易懂，一方面可以对激励对象产生长期激励作用，另一方面可以确保公司控制权和股权比例不会发生变化。

4. 北京模式

这种模式又被称作"3+2"模式，是期股的经典应用模式之一。之所以叫这个名字，是因为它是北京国有企业最先创造出的一种股权激励模式。

在这种激励模式下，作为激励对象的企业高管可以购买企业股份，而且一旦激励对象支付了首付款，就可以获得所持有股权的全部分红权，其中，已经付款购买的股权是实股，还没有付款购买的股权是期股。

5. 金色降落伞模式

金色降落伞模式是限制性股权中比较典型的一种模式，是按照聘用合同中公司控制权变动条款对高层管理人员进行补偿的规定。"金色"代表着丰厚的补偿，"降落伞"意味着公司控制权平稳过渡。

实施这一激励模式，能让即将退位的高层管理人员对接替者予以全力支持并努力保守公司的机密，毕竟公司发展越好，能够得到的补偿也就越多。

6. 关键绩效指标模式

对激励对象的业绩考核标准是多种多样的，不同的标准对应不同的考核内容。对关键绩效指标的考核，就是其中重要的组成部分。

在这种模式下，激励对象只要完成奖励计划中约定的某些考核项目，或是整体上完成某些任务，就能得到业绩股权。

7. 模拟持股模式

相较于干股，虚拟股权具有持续激励的作用。企业根据自身实际情况，制定虚拟股权的激励方案，可以让激励对象体验模拟持股，并真真切切地获得股权带来的利益。

在实施模拟持股的过程中，公司可以对等待期、行权期等做出相应的规定。通过调整各种期限要求，模拟持股的模式也随之发生变化。一旦激励对象接受了公司的激励方案，就意味着他们要在一定的时期内与公司捆绑在一起。这样一来，公司就能留住想要的人才。

一般情况下，股权激励的影响因素越少，激励方案的变化性就越小。也就是说，对公司而言，单一模式的激励方案更容易实施和掌控。

但是，这并不是说一家公司就应该选择某一确定的单一激励模式。毕竟，公司设置的岗位不同，激励方案也应该有所不同。做到因人而异，因岗位而异，才算是公平对待每一个激励对象。

一问一答

问 金色降落伞模式的激励对象主要是谁？

答 跟不上公司发展速度和要求的创业元老、高层管理人员等。

两种模式组合，排好时间满足激励需求

在制定股权激励方案的过程中，实施者会发现，在某些情况下，只有将激励模式进行组合，才能更好地满足复杂情况下或特定目标的激励需求。

下面介绍几种比较常见的两两组合的激励模式。

1. 身股+银股

身股和银股这两个概念，最初都来自晋商，都是民间形成的概念，而非法律规定的概念。

身股是对优秀员工的一种激励，让他们参与经营、管理和分红。员工无须出资，凭劳动即可获得股份。在如今的企业中，身股可以被称作分红股。

银股则是出资者享有的股份，而且必须出资才能享有。在如今的企业中，银股就相当于工商注册意义上的股份。

在早期民营企业的股权激励方案中，这种组合是比较流行且实用的。在现代企业中，这种组合模式也发挥着重要的作用。

2. 实股+限制性股权

在企业运营初期，周转资金不足往往是企业所有权者时常遇到的一个问题。在这种情况下，很多企业所有权者会选择将一部分实股卖给核心员工。这样不仅可以快速获得资金，还能留住想要的人才，从而带动企业快速发展。

当企业发展到一定阶段，实股激励模式已经不完全符合企业发展的要求时，企业就可以实施限制性股权的激励模式。

采用这种组合模式，可以提升资金周转率和投资效率，帮助企业在更短的时间内完成发展目标。

3. 期权+限制性股权

在企业处于快速发展阶段时，激励对象往往看好企业的前景，因此期权对他们会有很大的吸引力。然而，由于一些因素的影响，企业的实际发展情况也许未能达到预期。在这种情况下，期权激励就会失去作用。

此时，企业所有权者应该根据实际情况实施限制性股权激励的方案，以此来激发激励对象的积极性，降低期权激励目标未能实现而带来的负面影响，并在未来一段时间内继续将激励对象与企业捆绑在一起。

4. 限制性股权+延期支付

企业处于稳定高利润期时，一旦人才流失过多，未来的发展将会出现巨大的问题。为了应对这种局面，企业所有权者可以给予高层管理人员一些限制性股权作为奖励，将他们留住。

为了避免高层管理人员在全部持有限制性股权之后选择立即行权，可以在限制性股权激励方案中加入延期支付的条款。这样，企业就不会面临较大的现金流支出，有助于企业稳定发展局面。

5. 虚拟股权+实股

在企业发展状况并不十分理想时，激励对象往往对企业前景持怀疑态度，基本不会想要购买企业的实股。在这种情况下，企业所有权者可以实施虚拟股权激励方案，以此提升激励对象的信心，促使他们为企业的发展做出更多的贡献。

当企业的发展逐渐转好，激励氛围达到一定程度时，企业所有权者可以实施激励效果更为强烈的实股激励方案。

通过这两种激励模式的组合，企业获得了更长的调整时间和更好的发展机会。激励对象则在这个过程中获得了信心和动力，为公司发展起到了巨大的推动作用。

一问一答

问 实施两两组合的激励模式，如何安排激励时间？

答 通常来说，时间上有两种安排：①两种激励模式同时实施，分别适用于不同的激励对象；②先实施一种激励模式，在条件达标之后再实施另一种激励模式。

多种模式组合，特定情况下的最优解

除了单一模式和两种模式组合的激励方案，在工作实践中，还有多种模式组合的激励方案。之所以如此，是因为每家企业都有其发展特点，也要设立与众不同的激励条件。

通过多种模式的有效组合，往往可以最大化的产生激励效果，解决很多具有特定性的问题。下面介绍几种比较常见的多种模式组合激励方案。

1. 期权+期股+员工持股计划

在这个组合激励模式中，期权的激励对象通常是公司高管，目的是通过长期激励留住他们；期股的激励对象一般是公司中高层，目的是通过短期激励带动他们的积极性；员工持股计划则是大多数员工都可以参与的，目的是展现公司内部的公平性，让每个员工都尽心尽力地工作。

2. 期权+虚拟股权+延期支付

在这个组合激励模式中，期权的激励对象通常是公司高管，目的是通过长期激励留住他们；虚拟股权的激励对象一般是公司中高层，目的是通过这一举措来实现公司内部的公平性；延期支付的激励对象则是项目负责人，完成项目可以获得奖励，但需要延期得到所有奖励。

3. 业绩股权+虚拟股权转业绩股权+虚拟股权转实股

在这个组合激励模式中，业绩股权的激励对象通常是公司高管，目的是留住高级管理人才；虚拟股权转业绩股权的激励对象一般是公司的中层管理人员，目的是让他们在获得分红的同时看到晋升的机会；虚拟股权转实股的激励对象则是部分中层管理人员和骨干员工，目的是在他们做出巨大贡献或升迁时给予他们一定的激励。

4. 干股+银股+新公司投资入股

在这个组合激励模式中，干股的激励对象通常是公司内所有符合要求的员工，目的是让所有人都有主人翁意识；银股的激励对象一般是公司的中高层管理人员，目的是突出差异化；新公司投资入股的激励对象则是新公司的高管，目的是在减少资金压力的同时，提高老员工的收益。

在一个企业中，员工的层次、需求等都有所不同。在企业发展的不同阶段，对员工的激励模式也会有所变化。在实践中可以发现，只有制定出更加符合企业情况的激励模式，才能真正起到激励的作用。而将多种激励模式组合在一起，往往可以更加全面地顾及公司的所有员工，让每位员工都积极参与到公司的发展中。

一问一答

问 一般来说，业绩考核的内容包括什么？

答 主要是考核业绩（净利润指标），另外也要考核能否胜任岗位等。根据激励方案中的约定，业绩考核可以包括很多方面的内容。

第三章

因"期"而异，恰当选择激励方式

×

×

通常来说，企业的发展可以分为初创期、发展期、成熟期和衰退期四个阶段。设计股权激励方案，需要根据企业发展的相应阶段及发展状况，选择适当的激励方式，这样才能让激励更精准、更高效。

初创期：干股分红更稳妥

企业创立之初，所有权者最大的困扰之一就是缺乏足够的人才。毕竟，处于初创期的企业往往知名度有限，对人才的吸引力自然也十分有限。

在这个阶段，企业最核心的工作应该是留住人才，保持团队的稳定性。综合考量之后，企业所有权者应该采取干股分红的股权激励模式，这是一种较为稳妥的选择。具体原因主要表现在以下几个方面。

1. 操作简单

初创期的企业，人力、财力、物力都处于相对匮乏的阶段，干股分红的激励模式操作相对简单，激励方案不用设计的过于复杂，能节约企业各方的精力。

2. 稳定核心团队

初创期的企业最需要的就是人才，让核心人才参与利润分红，会对人才产生较大的吸引力，促使他们在企业中长期发展，有助于稳定核心团队，给企业带来比较平稳的发展局面和强大的向心力。

3. 管理决策不受影响

在初创期，企业所有权者往往希望对企业有足够的掌控权。采取干股分红的模式，激励对象只享有分红权，却不参与企业管理决策，对企业所有权者来说是很好的选择。

除了干股分红这种激励模式，其他激励模式也可以在企业初创期加以应用。例如，限制性股权、业绩股权，也会起到激励作用。只不过，和干股分红比起来，这两种激励模式的激励效果相对小一些，而且操作的难度较大，对初创期的企业来说并不是最优的选项。

对企业所有权者来说，在企业发展的初期，正确的激励模式对企业的健康、快速发展具有重大意义。而将多种激励模式进行比较就会发现，干股分红这种模式是最适合初创期企业的。这是在实践中得出的结论，是对过往创业经验的总结，企业所有权者可以积极尝试。

一问一答

问 处于初创期的企业一般有什么特点？

答 处于初创期的企业，一般会有这些特点：①经营风险高；②资金少；③人员少且不稳定；④对核心人员的依赖性大；⑤企业制度建设落后；⑥企业产品技术还未成熟；⑦在未来创造价值的可能性较高。

发展期：因人而异，区别对待

通常来说，一旦企业进入发展期，就意味它具有了一定的规模，竞争力已经有了很大的提升。

在这个阶段，企业在市场占据一定的份额，经营风险逐渐变小，并朝着多元化发展。而且，此时的企业已经不再受困于资金不足，财务状况较初创期有了很大的改观。只不过，处于这个阶段的企业，依然面临着人员流动性较大的难题。

简单来说，企业先前松散的管理模式已经无法适应该阶段企业的发展要求。想要企业保持良好的发展势头，企业所有权者就要设置一些职能部门，通过合理、有效的管理，改善工作环境、氛围等。同时，要采用合适的激励模式来留住人才。

当然，每个人都有自己的特点，即便是岗位相同的激励对象，也要区别对待。具体采取何种激励方式，可以参照以下几种类型。

1. 创始团队成员

对于参与企业管理、掌握核心技能的创业团队成员，可以在干股分红的基础上实施干股认股，使激励对象在享受分红的同时参与到企业管理中，进一步加强他们对企业的认同感。

2. 充满激情却不善管理的员工

有些员工对企业前景充满期待，工作热情极大，可是在企业管理方面，他们确实不太擅长。对于这类员工，激励模式应该以干股分红、虚拟股权、股票增值权等为主，让他们享受红利，但不参与具体的管理工作。

3. 管理者

处于发展期的企业，对管理者的主要考核标准是业绩达标。可以说，对管理者最好的激励方式是业绩股权。企业制定合理的业绩指标，只要管理者能够完成，就可以获得相应的收益。

4. 稀缺的核心员工

对企业来说，保持稳定的核心团队尤为重要。要想留住能力出众，尤其是拥有关键技能的核心员工，使用股票期权和限制性股权的激励模式，对激励对象会有比较大的吸引力，能让其在企业中发挥关键作用。

5. 核心技术/业务人员

这类员工因为掌握企业所需的关键能力而备受重视，除了薪酬绩效外，还可以尝试给予他们限制性股权和业绩股权的激励，以便调动他们的积极性。

任何一家企业想要快速发展，都离不开员工的同心协力。在成长期这一阶段，根据员工各自的情况，给予他们最合适的激励，才能更加有效地激发他们产生工作的动力，让他们充满斗志地与企业一起成长。

一问一答

问 核心技术人员的定位是怎样的?

答 简单来说,核心技术人员是那些掌握着企业生存发展的关键能力的人。无论是在传统行业还是在科技型企业中,这类人员都在发挥着积极的作用。

成熟期：治理和激励方案相结合

如果企业发展得足够平稳、顺利，那么在发展期之后就会进入成熟期。处于成熟期的企业，拥有比较稳定的客户群体和营业收入，但是增长速度已经不如发展期。此外，企业在面对市场的激烈竞争时，往往需要通过价格战来击败竞争对手。

在这个阶段，企业实施股权激励的主要目的是降低运营成本，提升工作效率。也就是说，企业不仅要通过激励来调动激励对象的积极性，还要控制激励资金总额，以免给企业带来额外的成本负担。

可是，由于企业发展到成熟期时，股价已经相对稳定，股权增益能够上升的空间相对有限。在这种情况下，无论是期股还是股权，都很难给激励对象带来丰厚的实际收益，所以也很难产生强烈的激励效果。

面对这种情况，企业必须将公司管理和激励方案结合起来，从各种备选的激励模式中优中选优，才能激发内部活力，从而带动企业的进一步发展。

通常来说，认股权、限制性期股和延期支付等股权激励模式，比较适合成熟期的企业。这几种模式有一个共同的特点——有利于企业延期支付各种奖励性质的薪酬，从而将所需的人才长期留下来。

在实际操作中，有多种股权激励模式可以应用。无论使用单一模式，还是几种模式组合使用，首先需要考虑的都是企业自身的情况。根据成熟期企业的自身特点和实际情况选择合适的激励模式，才能发挥最大的激励效果。

一问一答

问 成熟期的企业有什么主要特点？

答 ①经营风险较低；②资源分配合理；③财务状况良好；④人员相对稳定；⑤专业化管理和分工程度较高。

衰退期：重新考量整体战略

对不同的企业来说，发展周期有长有短，但是无论这个过程历时多久，企业在经历过发展期和成熟期的辉煌之后，最终都要进入衰退期。

进入衰退期之后，企业的机构臃肿，某些岗位员工过剩，销售量明显下滑，利润大幅降低甚至出现亏损的情况。员工对企业的发展失去信心，考虑更多的是个人的发展利益，而不是企业的整体利益。

因此，无论企业的业绩好坏，都有可能面临人员流失的局面。很多员工甚至选择直接离职，让企业面临人才大量流失的困境。毕竟，有些员工需要的是上升的空间，而衰退期的企业很难满足他们的这种需求。

在这种情况下，想要重新激发员工的工作信心和主动性，相对比较困难。通常来说，实施岗位分红权的股权激励模式，往往更加适合企业发展的状况。根据岗位的重要程度，给予员工相应的分红权，可以体现关键岗位员工的重要性，让他们获得更多的收益，从而激发他们的积极性。

除此之外，企业所有权者更应该在企业进入衰退期之前就做好相应的预案，在员工大批离职之前，先采取适当的裁员策略，裁撤一些冗余的员工，而将关键岗位的核心人员留下来，从而实现精简组织的目标。这样做，一方面可以节约用人成本，另一方面可以稳定核心人才，尽量维持企业的正常运转，为企业下一步的发展创造条件。

企业一旦进入衰退期，生命周期便即将结束。在这个阶段，很多企业会选择逐渐缩小规模，或是开拓新的领域，寻找新的发展机会。

总之，当企业进入衰退期之后，企业所有权者很有必要重新考量整体战略，从全局的角度去研究和调整股权激励方案。

——一问一答——

问 企业进入衰退期后的财务表现有哪些？

答 盈利能力下降且逐渐恶化；放松信用管理，应收款增加，坏账风险加剧；利润空间萎缩。

第四章

合理设计方案，引导激励行为

×

×

在设计股权激励方案的过程中，需要遵循一定的原则和规律，合理的方案会起到激励作用，不合理的方案则会引起员工不满，进而会为企业带来负面影响。

尽职调查：设计激励方案的前提

确定股权激励方案之前，应该充分了解公司相关信息。否则，很有可能设计出公平性不足或是无法实现的股权激励方案。

因此，在为公司设计合理、有效的股权激励方案之前，必须要请专业律师或中介机构对公司进行尽职调查。这样做是为了符合法律规定，并了解公司在人力资源、薪酬管理等方面的实际情况。

通常来说，与尽职调查相关的工作内容包括以下四个方面。

1. 正式调查前的信息收集

通过收集计划实施股权激励的公司的相关信息，来了解公司的具体情况，为设计激励方案奠定基础。一般来说，需要收集的信息包括公司的公开资料、资信情况、经营能力、人员构成、经营范围、企业类型、股权激励计划负责人的想法和态度等。

2. 尽职调查的主要内容

通常来说，尽职调查做得越详尽，设计出来的股权激励方案就越具有可行性。具体来说，尽职调查的主要内容有：公司设立及变更的相关文件，公司的各种规章制度，公司的股权结构、主要股东和组织机构情况，公司的主营业务及经营状况，公司的战略发展规划，公司最近两年经过审计的财务报告，公司的薪酬水平、薪酬策略和薪酬政策，公司与员工签订的劳动合同、保密协议等，初选设定的股权激励实施范围，等等。

3. 尽职调查的项目

一般情况下，尽职调查工作都是由律师来完成的，主要调查的项目有：公司所属行业是否属于国家政策限制发展的范围，公司的主营业务，公司主要产品的优势，公司的业务发展目标，公司内部控制制度，公司管理层经营目标对公司财务的影响，公司的关联方、关联方关系及关联方交易，股权激励或有风险调查，公司治理，公司股东出资情况，公司控股股东及其下属的其他企业是否从事与公司相同或相近的业务，公司对外担保、重大投资等重要事项的决策和执行情况，公司设立情况，公司是否存在重大违法违规行为，财务会计文件是否存在虚假记载，公司股份是否存在转让限制，公司的重大债权债务，公司的纳税情况，等等。

4. 尽职调查的分析

一般来说，尽职调查的分析工作要从两个方向同时展开。第一个分析方向是时间纵向（公司过去、现在、未来的发展目标是否一致，发展目标是否实现），第二个分析方向是空间横向（公司发展过程中受到外部环境和内部环境的影响）。

尽职调查是设计激励方案的重要前提，这项工作做不好，后面的一系列工作便无法顺利展开。根据调查结果，设计符合企业实际状况的股权激励方案，这样才能帮助企业以最小的成本换取最大的效益。

一问一答

问 公司内部和外部环境的分析主要包括哪些内容？

答 公司内部环境分析的内容有：战略规划、公司治理、组织架构、人力资源和企业文化等。公司外部环境分析的内容有：宏观环境、产业态势、竞争要害和激励水平等。

激励方案的设计原则

每一个激励方案的出台，都是经过严密的调查、分析、研究之后，才最终确定的。在设计方案的过程中，必须要遵循一定的原则。如此，才能设计出相对完善的激励方案。

通常来说，设计激励方案，需要遵循以下几个设计原则。

1. 有效原则

设计股权激励方案的最终目标，是让激励对象为公司创造更大的价值，而想要达成这一目标，就必须保证激励方案有效。有效的激励方案能够激发激励对象的能动性，令他们产生主人翁意识，发挥人力资本的价值为公司做贡献。而有效原则中最重要的一个组成部分，就是激励方案中所涉内容要在法律法规允许的范围内。

2. 系统原则

从某种程度上说，股权激励方案是公司整体战略规划的一部分，在设计时应该符合公司的整体管理要求，成为管理系统的一个子系统。因此，在设计过程中，需要考虑公司的整体结构，在确保公司战略不受影响的前提下，再去设计相应的激励方案。

3. 可操作原则

一个合理的股权激励方案，必须要有可操作性。如果只是给激励对象一些"空头支票"，表面看来奖励丰富，实际根本无法操作，那么激励对象就会产生受骗的感觉。这种激励方案就严重违背了设计原则。

4. 平衡原则

公司想要持续地、良好地运转下去，就要在某些方面达到一定的平衡。当然，这种平衡并不是恒定不变的，而是处于动态变化之中。在设计股权激励方案时，需要对激励的期限、激励对象的范围、公司各部门之间的关系等进行协调和平衡，只有找到各方都能接受的平衡点，激励方案才会被所有人接受，才能得以顺利实施和执行。

5. 持续性原则

股权激励方案的收益结算周期要合理设定，激励内容要有一定的调整性，这样的股权激励方案才有持续性，能不断给予激励对象相应的刺激，让他们持续产生动力。激励性的方案设计，应该从更长远的角度去规划，让激励对象看到长期受益的前景，从而让他们更愿意积极主动地参与到公司事务中。

6. 组合原则

股权激励模式是多种多样的，而且每一种模式的激励目的、效果、期限和风险都会有所不同，在实际操作中可以发现，仅使用一种激励模式往往很难达到良好的激励效果，而将多种模式进行组合，往往能形成一套股权激励模式，这是对大部分员工比较公平的做法，也会让激励对象产生更多的动力和积极性。

总而言之，设计股权激励时，应该遵循以上几个重要原则。这些原则不仅是激励方案存在的基础，也是衡量方案可行性的重要指标，还是预判方案能否顺利实施的重要依据。

一问一答

问 如何考量激励方案的有效性？

答 ①方案应该符合委托人的要求；②方案应该符合企业的实际情况；③方案需要体现人力资本价值；④方案能够降低企业的总体委托代理成本；⑤方案可以让激励对象受到激励，且不会损害企业的激励总量。

九个"明确"，设计有效的激励方案

在遵循设计原则的前提下，设计出来的激励方案能满足各方的要求，才是一个相对完善的股权激励方案。

在具体的设计活动中，设计者也要遵循相应的步骤。按照以下步骤逐步完成，一个符合要求的激励方案就诞生了。

1. 明确激励目的

股权激励可以将员工与公司捆绑在一起，形成利益共同体。既调动了员工的热情，也为企业留下了人才。在制定激励方案时，首先要明确的是股权激励的目的。目的不同，所采取的激励措施自然也会有所不同。只有根据企业的实际情况，明确股权激励的具体目的，才能据此选择更合适的激励方案。

2. 明确激励对象

对员工进行股权激励，要有一定的针对性。一般来说，企业高管、技术骨干之类的员工，才是主要的激励对象。在设计激励方案之前，必须要确定激励对象，这样才能设计出更有效、针对性更强的方案。

3. 明确激励模式

股权激励的模式本身就多种多样，加上各种模式可以相互组合使用，因此，股权激励方案中可用的模式数量便十分可观。设计激励方案时，需要根据企业的类型、激励目的等确定更加适合企业的激励模式。

4. 明确激励额度

无论是上市企业还是非上市企业，股权激励的额度都应该有一定的限制。激励的目的是让企业获得更好的发展，如果激励额度过高，会给企业带来沉重的资金负担，那么股权激励反而会影响企业的正常发展。

5. 明确授予时机

企业实施股权激励，与企业规模的大小和员工数量并没有太大的关系。只要激励对象需要股权激励，或是企业需要采取股权激励才能更好、更快地发展，那就应该实施股权激励。也就是说，授予股权的时机取决于企业发展的实际需要。

6. 明确股份和资金来源

股权激励方案一旦实施，原有股东的股份和权益必然会受到影响。因此，在设计股权激励方案之前，必须确定给予激励对象的股份从何而来。而激励对象在行权时用以购买股份的资金来自哪里，也是需要关注的重点。

7. 明确实施激励的条件

对激励对象实施股权激励，目的是让他们更加积极地提升业绩，所以，激励对象想要获得股权激励，必须满足一定的条件。根据激励对象的具体情况，有针对性地制定相关条件。只有激励对象达到条件时才能行权，这既是对激励对象的约束，也是对企业的保护。

8. 明确特殊情况的处理规则

在实施激励方案的过程中，难免出现特殊情况，如企业发生变故或激励对象突然离职等。为了应对类似情况，在激励方案中应该制定相应的处理规则，以保护激励对象及企业自身的权益不受损害。

9. 明确考核条件

激励对象获得股权激励之前，需要经过一定时期的考核，只有满足考核条件，才能获得行权资格。需要注意的是，考核条件一定要明确，并形成量化指标，这样激励对象才能获得比较明确的目标指向，企业在进行考核时才有比较明确的标准，操作起来才更加容易。

设计任何一个股权激励方案，都需要全面地考量构成方案的各种因素，并按照一定的顺序逐一将种种因素融入激励方案之中，只有这样才能让方案变得更加周全、严谨。

一问一答

问 一般情况下，股权激励计划中的业绩考核指标有哪些？

答 ①基本指标：包括净利润增长率、净资产收益率、经济增加值。②创新指标：包括每股收益、市场增加值、经营性现金流、销售收入增长率、利润总额。

把握"四个一"，构建激励方案

通常来说，企业会将股权激励看作一个独立的项目来运作。由于涉及资源配置、模式组合、人员选择等多方面的因素，因此需要各方面密切协作才能最终完成。并且，股权激励方案只有保持动态平衡，才能真正起到激励作用，推动企业不断向前发展。

因此，设计一套真正适合企业的股权激励方案，是成功实施激励项目的关键所在。在实操过程中，比较常用的激励方案构建方法包括"四个一"。

1. 一份问题清单

企业存在的种种问题，对股权激励方案的设计和实施都会产生一定程度的影响。在设计方案之前，列出一份问题清单并尝试将它们解决，才能减少股权激励方案中的漏洞，让激励成为现实。

2. 一次高效的主题会议

通过问题清单收集了企业存在的各种问题之后，就可以召开一次以股权激励为主题的高效会议，通过会议来讨论如何解决现有的问题，以及如何找到最适合企业的股权激励方案，并让激励方案发挥最大的作用。

3．一个最终决策

在会议讨论之后需要做出股权激励的决定，给出一个最终决策。"是否实施股权激励。""如何实施激励方案？""何时开始实施？"这些问题需要有一个最终的答案。如果一直召开会议，却没有做出任何决策，那么会议就是失败的。

4．一套解决方案

发现问题、分析问题、做出决策，做完这一系列的工作之后，最后需要达成一致的是确定一套解决方案。根据方案有序解决每一个问题，最终构建出比较合理的股权激励方案。

当然，上述"四个一"并不是说只要经过一轮工作，就能一劳永逸，而是说在构建股权激励方案的过程中，这几项工作是必须要做的。这一系列的工作需要与激励方案保持同步，在动态变化中不断调整，尽量保持平衡。

一问一答

问 召开一次高效的主题会议，常见的流程有哪些？

答 ①将发现的问题尽量清晰地描述出来；②根据公司实际情况，设定合理的解决目标；③详细分析问题出现的原因；④制订相应的解决方案和行动计划。

企业类型不同，设计方案须差异化

一般而言，上市企业和非上市企业在激励方案的设计上会有一些共同的要素和方案流程，可是二者在接受监管和激励模式等方面也有许多不同之处。

1. 监管法律法规不同

上市企业需要公开其财务状况，激励方案也受到《中华人民共和国公司法》和《上市公司股权激励管理办法》等法律法规的严格监管，所以激励方案通常比较透明。

非上市企业的股权激励方案主要受《中华人民共和国公司法》的监管，其他的法律法规应用不多。

2. 激励模式不同

上市企业受到相关法律法规的监管，其激励形式以期权、限制性股权为主。

非上市企业的股权激励模式则不受过多限制，还有分红权、虚拟股权、业绩股权、股票期权等形式。

3. 股票定价不同

上市公司因受相关法律法规的监管，在股票定价方面的相关规定比较清晰，市场化和透明度都比较高。

非上市公司的股票定价，一般由内部股东大会决定，透明度比较低，通常要参照每股净资产进行平价、折扣或溢价出售。

4. 业绩目标的前提设置不同

无论是限制性股权还是业绩股权，通常都会在激励计划的授权或行权方面设置一定的业绩目标，只有达成目标，激励对象才能被授权或有权选择行权。

在上市企业中，激励对象被设置的业绩目标多以经济增加值、净资产收益率、每股收益率等为主。

在非上市企业中，激励对象被设置的业绩目标通常比较简单直接，一般以营业收入和利润率为主。

设计股权激励方案时，要搞清楚企业的类型，否则，股权激励方案往往难以落地，激励计划最终只会落空。

一问一答

问 非上市公司实施限制性股权激励计划的关键要素有哪些？

答 ①业绩目标；②授予价格；③限制权利；④确定达成目标的方法；⑤通过何种增资的形式进行操作；等等。

方案设计不当，会有潜在风险

企业设计股权激励方案，是为了激励员工更加努力地工作。那些激励对象将会成为其他员工学习的榜样和企业不断发展的基石。

尽管企业的出发点是好的，但是在设计股权激励方案的过程中，往往会忽视一些细节问题，结果导致设计出来的方案难以令激励对象满意。一旦如此，那么激励方案不但起不到激励效果，还会给企业带来潜在风险。

通常来说，设计激励方案时容易出现以下几个问题。

1. 选错激励工具

这个问题包括很多方面，如没有根据激励对象选择激励工具、激励工具过于单一等。在设计激励方案的过程中，设计者应该充分了解每种激励工具所能发挥的作用。综合考量之后，再制定合适的激励方案。否则，激励对象会觉得激励不够全面或是激励措施不到位，从而失去接受激励的动力。这样一来，所谓的激励就是无效的。

2. 缺乏公平、公正性

股权激励方案需要根据不同的激励对象制定相应的激励方案，

所以差异化在所难免。可是，差异化不等于区别对待。在制定方案的过程中，设计者要坚持公平、公正的原则。

如果激励对象发现激励方案存在不公平或不公正的情况，他们就会对自己获得的报酬产生怀疑，甚至会对企业的文化和价值观产生怀疑，以至于他们最终选择离开企业。

3. 缺乏约束机制

企业给予激励对象相应的股权，能够激励员工将自己的前途与企业的未来发展捆绑在一起，从而更努力地投入到工作中。

可是，如果没有相应的股权激励约束机制，激励对象轻松就能拥有股权并分享利益，那么只会让激励对象逐渐变得懒惰，这对企业的发展是极为不利的。

4. 激励标的不足

股权激励是一种额外的奖励，是对激励对象的变相认可。但是，对激励对象来说，并不是所有的股权激励都能产生激励效果。

如果激励标的不足以让激励对象感到满意，那么激励效果将会大打折扣。在极端情况下，激励对象甚至会因为激励标的与自己的期待差距过大而选择离开企业。

对企业来说，设计股权激励方案是一项需要综合考量的工作，针对不同的激励对象，需要制定个性化的方案。只有符合激励对象定位、要求的方案，才能真正起到激励作用。如果激励方案设计不当，则会起到相反的作用，甚至会给企业的运营带来潜在风险。

一问一答

问 股权激励纠纷中有哪些常见的争议点?

答 ①股权激励纠纷是否属于劳动争议,是否属于劳动法的调整范围;②"无偿"授予股权的激励方案是否属于赠予合同;③企业制定的股权赠予或转让条件是否合法;等等。

第五章

完善实施与管理，优化股权激励成果

×

×

股权激励方案确定之后，具体如何落实和管理，是接下来需要解决的难题。不断完善实施步骤，持续提升管理效能，将是优化股权激励成果、激发员工主动性的重要手段。

实施项目，八个方面做布局

在实施股权激励项目之前，有必要对一些重要事项提前予以确认，尤其是那些对执行结果影响较大的事项，更要进行确认并做好相关预案。

通常来说，可以从以下几个方面做好布局，为股权激励的实施奠定基础。

1. 确定工作范围

尽管股权激励可以看作一个独立的项目，但是想要顺利实施则需要各种资源、各项工作、各部门的通力协作。在协作过程中，要确定各部门、岗位的工作范围，这样才能免做无用功或是漏掉某项工作，进而不断提升团队效率。

2. 把控预期进度

股权激励项目一旦进入实施阶段，就要按照既定计划有条不紊地展开，项目负责人要紧盯预期进度，做好进度管理。实施过程中遇到较大问题时，需要及时与各方沟通，并适当做出调整。

3. 控制预算成本

广义的预算，包括股权激励标的的成本预算；狭义的预算，仅指在实施股权激励过程中产生的相关费用。无论使用哪种计算方法，成本的控制都是管理工作的重要组成部分。将预算成本控制在合理的范围之内，才不会给公司带来太大的资金压力。

4. 关注激励效果

在设计股权激励方案的过程中，对激励效果的预估是重要的组成部分。具体实施时，负责人需要关注激励方案是否达到了预估的激励效果。当发现实际效果与预估效果差距太大时，要及时找到原因并对方案做出相应的调整。

5. 确保沟通顺畅

对一个团队而言，顺畅的沟通显然具有重要的意义。无论激励项目的实施情况是否理想，参与者都应该进行顺畅有序的沟通，及时分享和汇总实施过程中发现的优缺点，可以持续优化激励项目。

6. 风险预测管控

任何一个项目都存在风险，股权激励计划也不例外。在实施项目之前，对可能发生的风险做好预测，并做好相应的预案，风险发生时可以更从容地面对。通常来说，比较常见的风险有法律风险、税务风险、管理风险和操作风险等。

7. 外聘相关专家

由于股权激励方案中包含方方面面的条款，涉及多种专业知识，所以很有必要咨询相关专家，让他们给出更加专业的建议，以此减少出现漏洞的可能,令方案变得更加完美,专业性更强。

8. 利益关联方管理

股权激励方案受多方面因素的共同影响,在实施过程中难免出现一些意料之外的情况。这种偶然性会给利益关联方带来一定的影响,可能会使他们对方案的实施产生疑问。因此,项目负责人需要随时关注利益关联方的变化,站在他们的角度上去处理问题,做好利益关联方的管理。

综上所述,股权激励项目实施之前,先做好上述几个方面的布局,并提前做好相关预案,有助于及时、高效地处理实施过程中发现的问题,对项目的顺利实施可以起到一定的保障作用。

一问一答

问 股权激励项目的关联方主要有哪些?

答 ①公司股东;②股权激励项目的激励对象;③未来潜在的激励对象;④股权激励项目的负责人;⑤外聘的相关专家;等等。

制定工具，指引激励方案实施

　　股权激励项目的实施，与实施工具制定有着密不可分的联系。工具制定得当，操作人员可以轻松上手，加快实施过程；反之，股权激励项目则难以开展，无法实现激励目标。

　　那么，什么是股权激励实施工具呢？它是由流程、操作文件、表格等组成的一整套实际操作方案，指引股权激励方案具体实施且落地执行的重要工具。

　　关于实施工具，以下几个要点需要关注和了解。

1. 实施工具的形式

　　通常来说，股权激励实施工具主要有三种。

　　（1）协议：在股权激励标的的授予、持有及转让变现过程中，主要用于关键项的确定及双方的书面签字确认。

　　（2）表单：主要用于执行操作流程指引及信息的获得和接受意向的确认。

　　（3）表格：主要用于数据的测算和便捷管理。

2. 制作实施工具的方法

制作实施工具之前，操作者需要问自己以下几个问题，找到问题的答案，也就知道了应该使用什么工具。

（1）工具用于解决什么问题？

实施工具是用于股份分配还是股份兑现？是股权激励实施过程中的管理还是后期的管理？不同的需求需要不同的工具，不同的工具有不同的制作思路。

（2）需要解决的问题的基本逻辑是什么？

制作实施工具的目的是便于日常操作，找出问题发生和存在的基本逻辑，抽丝剥茧地一步步去解决，让实施过程变得更加简单、高效。

（3）处理问题的流程有哪些？

每一个问题出现的原因都不尽相同，在处理时也会有不同的方法和流程。针对实际问题，找到合适的流程，可以让工具更加精准、有效。

（4）什么样的载体更合适？

比较常见的工具载体，有Word、PDF、PPT、Excel等，具体使用哪种载体，要在实际应用时做好分析和对比。

3. 不同激励模式下的工具选择

通常来说，激励模式不同，授予标的不同，需要的实施工具也不同。下面介绍一下常见的几种实施工具。

（1）实股类激励标的。

①标的授予前：价值测算工具、配股测算工具、股权激励制度等。②标的授予时：授予通知、认购协议、持股证明等。③标的禁售期：解锁申请、解锁证明等。④标的转让时：转让申请、转让交割表等。

（2）权益类激励标的。

①标的授予前：权益测算工具、行权管理工具、股权激励制度等。②标的授予时：授予通知、授予证明、授予协议等。③标的行权时：行权申请、行权过户手续、持有证明等。④标的退出时：转让或退出申请、转让交割表等。

在股权激励项目实施的过程中，实施工具会发挥极为重要的作用。在制定工具时，应以操作简便为首要原则。尽量自动化生成，减少手动工作的环节。另外，项目负责人应该亲自制作工具，而不是复制别人的模板，这样对工具更熟悉，操作起来更顺手。

一问一答

问　常见的工具载体（Word、PDF、PPT、Excel）各有什么作用？

答　Word——展示协议、制度、描述、操作说明。

PDF——展示内容需要保护不允许修改的固定性文件。

PPT——呈现方案、基本知识宣讲。

Excel——用于测算、日常管理、实操辅助、规范操作。

遵守操作流程，按部就班条理清

实施股权激励，做好布局和制定工具都是很关键的工作，同样，按照确定的操作流程去实施项目，也是非常重要的工作步骤。过往的工作经验已经证明，流程化的操作方式会让项目进程更加有条不紊。

通常来说，实施股权激励项目由下面几个步骤构成。

1. 方案上报与审批

股权激励方案起草完毕后，需要经股东会或董事会决议通过才能正式实施。之所以如此，是因为激励方案中可能会有增资或原股东出让部分股份的条款，当公司的章程需要修改，办理工商变更登记时，股东会的决议是必备文件之一。如果激励方案中并不涉及股份变更的条款，那么只需要公司管理层面的最高决策者通过就可以了。

2. 召开方案说明会

股权激励方案通过决议之后，需要召开一次方案说明会，而且最好由聘请的外部专家主持和说明。召开会议的目的，是让激励对象了解自己能够获得的权益，以及公司设计股权激励方案的初衷。之所以聘请外部专家给予说明，是为了增强股权激励方案的专业性和说服力。

3. 签署合同

股权激励合同是约定公司和激励对象各自权利和义务的书面证明，签署之后具有法律效力，一旦在实施的过程中出现纠纷，可以按照合同条款进行处理。在签署合同之前，公司应与激励对象进行平等、自愿的沟通，以便达成共识。而在确定签署合同之后，公司可以举行签署仪式，以此增加激励对象的荣誉感，表明公司对他们的重视。

4. 考核行权

签署合同之后，就将进入考核期。考核期结束之后，公司将按照合同约定的考核标准和方案对激励对象进行考核，以确定他们是否符合条件行权。符合条件的激励对象可以行权，不符合条件的激励对象则向其说明情况不能行权。

5. 转让登记或撤销、回购

在实际取得股权的激励方案中，最后的结果就是激励对象获得股权，并办理登记，成为真正的股东。在这之后，如果激励对象出现离职、死亡、违纪等特殊情况，那么未行权的部分直接撤销，已行权的部分则由公司回购。公司回购之后，要重新办理股权登记，恢复到激励对象未行权之前的股份状态。

6. 反馈及调整

股权激励方案并非是一成不变的，随着外部和内部环境的变化，方案也要不断进行调整，只有这样，激励方案才能与时俱进，从而保护公司和激励对象的权益。

由此可见，实施股权激励方案需要一整套完整、严谨的操作流程。遵照流程开展工作，能够起到事半功倍的效果；反之，激励方案的实施将遭受巨大的阻力。

一问一答

问 在股权激励方案的调整过程中，有哪些需要调整的内容？

答 通常有：激励模式、持股方式、持股对象、持股数量、入股价格、考核期限、资金来源和持股条件等。

八种常用的业绩考核指标

股权激励计划的考核指标和考核方法，决定了激励对象的行权条件，进而决定了整个股权激励计划的执行效果。

因此，企业应该制定一套完整、规范的股权激励计划考核制度，以此来检查股权激励计划的执行效果。

通常来说，公司业绩考核指标有以下八种。

1. 净利润增长率

净利润又被称作税后利润，是利润总额扣除所得税后的余额，代表着企业最终的经营效益。企业所得的净利润越多，说明经营效益越好。

净利润增长率代表企业当期净利润比上期净利润增长的幅度，这一数值越高，说明企业的盈利能力越强。

2. 净资产收益率

净资产收益率又被称作股东收益报酬率、净值报酬率，是企业税后利润除以净资产得到的百分比率。

这一数值反映了股东权益的收益水平和企业自有资本获得净收

益的能力。数值越高，说明投资带来的收益就越高。

3. 经济增加值

经济增加值是从税后营业净利润中扣除包括股权和债务的全部投入资本成本（包括股本成本和债务成本）后的所得。只有企业的盈利高于资本成本时，才能为股东创造价值。

可以说，经济增加值是衡量企业所有权者是否有效使用资本为股东创造价值的业绩考核工具。

4. 每股收益

每股收益是衡量上市公司盈利能力最常用的一个财务指标，反映的是普通股的获利水平。

每股收益既可以用于评价和对比不同公司的相对盈利能力，也能用于比较公司不同时期的获利水平。

5. 市场增加值

市场增加值指的是企业变现价值与原投入资本之间的差额，它能反映出一家企业增加或减少股东财富的累计总量。也就是说，它直接反映出一家公司累计为股东创造了多少财富。

在分析上市公司的企业价值时，市场增加值是一个非常有效的工具，可是在分析非上市公司时，其有效性会降低很多。

6. 经营性现金流

与净利润相比，经营性现金流能更好地反映上市公司的经营状况，可以显示出公司折旧等对净利率有影响但对现金流没有影响的因素。

7. 销售收入增长率

销售收入增长率能够反映一家企业的经营状况和市场占有能力，是预测企业经营业务发展趋势的重要指标。

销售收入增长率越高，企业的增长速度就越快，市场发展前景就越好。

8. 利润总额

利润总额指的是企业在生产经营过程中的收入总和减去各种耗费后的盈余，它反映了企业在报告期内的盈亏总额，是衡量企业经营业绩的重要经济指标。

上述几种比较常用的业绩考核指标，在一家企业的股权激励方案中可能不会全部涉及，但是股权激励方案的设计者必须对它们有所了解。企业可以根据自身的情况选择其中几种考核指标，以便更好地完成业绩考核任务，为股权激励方案的实施奠定更加坚实的基础。

一问一答

问　在实施业绩考核的过程中，还会使用哪些非财务指标呢？

答　这主要有：市场占有率、顾客满意度、人力资本准备度、关键员工流失率、个人素质、项目完成程度、流程建设效果。

管控风险，避免法律诉讼

在实施股权激励项目的过程中，风险管控是一项非常重要的工作。但是，即便事事小心谨慎，也难免会有意外情况发生。一旦发生意外，项目的运转必然受到影响，而其中影响最大的当属法律诉讼。

法律诉讼是股权激励项目可能遭遇的比较极端的风险，虽然出现的概率较小，但是万一出现，就会给公司带来巨大的负面影响。因此，项目负责人需要对法律诉讼的风险有充分的了解。

1. 法律诉讼的基本情况

查阅相关数据可知，与股权激励相关的法律纠纷案件，诉讼方向主要集中在股权及股权转让、合伙协议、股东资格确认、股权代持、股东出资、增资和劳动争议方面，而且大部分的股权激励诉讼都是因劳动关系破裂而引发的。

2. 诉讼发生的主要原因

一般情况下，股权激励诉讼发生的原因主要集中在两个方面：一方面是相关法律法规相对笼统，另一方面是企业在操作过程中存在不规范的情况。

这主要表现在与股权激励相关的规章制度仅是某个部门的规章制度，而且各地根据实际情况制定的相关操作办法缺乏权威性和普遍的指导性。

而企业在应用股权激励时，通常不能在前期客观地分析企业真实需求，甚至是只知其形不知其意，出现生搬硬套的现象。

于是，这些现实问题便引发了一系列诉讼事件。

3. 管控法律风险的方法

股权激励的法律风险一直存在，想要完全避免基本难以实现，因此掌握管控的方法就显得尤为重要。

（1）了解法律诉讼产生的原因。

经过调查和研究，可以发现诉讼产生的原因大多与平等、公平、公正等因素有关。

（2）规避法律诉讼风险的方法。

鉴于员工产生不满情绪乃至于对公司提起法律诉讼的原因，公司有必要在参与感、原则性、政策机制、文件签署/确认等方面，做到公开、透明，进而提升员工的信任度。

（3）提升劳资关系和谐度。

劳资关系的和谐程度，影响着企业的管理效率和价值产出。想要提升劳资关系的和谐度，需要做好以下几点：①信守承诺，兑现诺言；②与员工坦诚沟通；③加强领导者的领导能力；④奖罚分明，有理有据。

　　总而言之，企业面临的很多法律诉讼往往难以避免。企业应该从长远角度出发，在平日里做好风险管控，这样才能从根本上降低风险发生的可能性。

一问一答

问　企业实施股权激励项目时，有哪些操作不规范的问题？

答　①持股方式不规范；②股权激励只喊口号，实际行动少；③没有合理的退出机制；④股份分配机制不明确；⑤限售期及限售条件缺失；⑥忽视持股员工的民主权利。

完善内部结构，实现管理转型

企业计划实施股权激励制度，意味着企业从内部管理逐渐转向公众治理。因此，企业在设计治理结构方面，就需要不断完善和进步。

在现代法人治理结构中，董事会是核心所在。对于股东来说，董事会是受他们的委托来管理公司，目标是实现资产增值、保值；对于管理层来说，董事会是委托他们展开经营活动并对实施情况进行监督和控制，从而实现既定的经营目标。

也就是说，董事会在公司股东和管理层之间发挥着桥梁作用，他们上传下达，让公司形成一个整体，共同向前发展。

鉴于董事会所发挥的核心作用，可以说董事会的治理水平决定着整个公司的治理水平。在我国，基于董事会为核心的相应结构而设计的公司治理结构，通常有以下四个。

1. 股东大会

股东大会由全体股东组成，是公司的最高权力机构。股东大会负责对公司的重大事项做出决策，有权选任和解除董事，在公司的经营管理方面拥有十分广泛的决定权。

2. 董事会

董事会由公司董事组成，对内掌控公司的各项事务，对外则是公司的经营决策机构。董事会由股东大会选举，对股东大会负责。

3. 监事会

监事会也被称作公司监察委员会，由股东大会选举的监事会及由公司员工民主选举的监事共同组成。监事会与董事会并列设置，是股份公司的必备监督机关，对董事会和总经理行政管理系统行使监督权力。

4. 薪酬委员会

薪酬委员会通常是公司董事会的常设专门委员会，由数名董事会任命的董事委员（大部分是独立董事）组成，通过薪酬委员会会议行使权力。

随着公司的不断发展壮大，尤其是准备实施股权激励方案之后，公司的管理方式将会发生巨大的变化。企业管理者需要与时俱进，不断完善公司的内部结构，这样才能顺利实现管理转型，给公司带来新的发展机会。

一问一答

[问] 薪酬委员会的主要职能是什么？

[答] ①评估经理绩效；②制订和监督经理薪酬计划；③制订员工退休金计划；④制订利润分享等收益计划。

下 篇
合伙人制度

第六章
合伙人制度，创业
时代新趋势

第七章
多模式共存，合伙
模式多样化

第八章
精妙设计实施，
掌控合伙方向

第九章
解决利益分配
这个大问题

第十章
预防风险，合伙之路
走得更远

合伙人制度，创业时代新趋势

×

×

身处创业时代，一些有能力的人才并不甘于一直受雇于人，在积累了一些资本和经验之后，很多人才选择独自创业。想要留住人才，激发他们的潜能，在公司实施合伙人制度将是一个很好的选择。

何谓合伙人制度

最近几年，"合伙人"成为企业界非常热门的一个词语，很多人认为，职业经理人的黄金时代已经过去，如今已经进入合伙人时代。

实际上，合伙人制度并不是最近几年才出现的，早在清朝时期，以"身股"入股晋商票号的股东，其实就是票号的合伙人。

在移动互联网时代，合伙人制度得到了更大的发展，获得了诸多企业的认可。在不同类型的企业中，合伙人制度也有不同的体现形式。

1. 合伙制企业的合伙人制度

"合伙人"一词最早出现于合伙制企业，所以有必要追本溯源，这就要从合伙制企业说起。合伙制企业也有不同类型，可分为普通合伙企业和有限合伙企业。

（1）普通合伙企业。

合伙制企业作为法律意义上的一种企业形态，最早出现的是普通合伙企业。这种企业的特点在于，公司看重的往往是员工的经验和智慧，合伙人必须在管理层任职，并且要经过严格的筛选。合伙人既是公司的雇员，又是公司的所有权者。

（2）有限合伙企业。

随着企业的不断发展，又出现了有限合伙企业，这种企业形态主要流行于股权投资行业。有限合伙企业中的合伙人有普通合伙人和有限合伙人之分。一般来说，普通合伙人的出资额度仅占很小的一部分，大部分资金由有限合伙人提供。但在运营的过程中，普通合伙人是真正的管理者，而有限合伙人并不参与运营事务。

2. 公司制企业的合伙人制度

合伙人制度发展到今天，已经不单单适用于合伙制企业，在公司制企业中，它也能发挥巨大的作用。在倡导合伙人制度的企业中，一部分人通过出资成为股东，还有一部分人则通过人力资本成为股东。随着时代的发展，人力资本的价值越来越被认可，以人力资本成为股东的合伙人也拥有了越来越多的权力。

由于认知的不同，提到合伙人制度时，有些人从法律结构的角度解读，有些人从股权激励的角度阐述，还有些人从公司控制权的角度来理解。

一问一答

问　一般来说，公司赋予人力资本合伙人的重要权力有哪些？

答　人力资本合伙人在移动互联网时代的价值达到了一个新高度，这类合伙人被公司赋予了这样三种重要权利：①享有股权激励；②拥有公司控制权；③身份、地位象征。

四项基本理念，构建合伙人制度

合伙人制度之所以能建立起来，关键在于所有合伙人都拥有共同的理念。只有志同道合的人，才有可能成为关系融洽的合伙人。

通常来说，在一家以合伙人制度为构建基础的公司中，合伙人需要具备以下四个基本价值理念。

1. 共识

所谓的共识，指的是要有相同的愿景、使命、价值观等。也就是说，只有建立起大家都认可的企业文化，才能在一起齐心协力地做事。只有达成共识，才能互相信任、扶持，建立起充满内驱力的组织。

在合伙人制度下，各合伙人是亲密合作的同事和战友，为了公司未来的发展共同努力。亲密关系之下，人与人之间的沟通更为顺畅、高效，从而有效降低了管理成本。

2. 共担

既然是合伙人，在共享利益的同时自然也要共同承担。通常来说，合伙人的共同承担体现在两个方面：一方面是共同承担经营风险，另一方面是共同承担发展责任。

当公司出现经营风险时，要求合伙人将公司利益放在第一位；当公司需要发展时，要求合伙人主动担起责任，积极出资、出力，而不是逃避责任。

3. 共创

合伙人合伙成立公司的目的是通过合作创造更多的价值。公司创造的价值，不仅体现在金钱上，还体现在公司发展过程中带来的成就感和事业心上。合伙人各司其职，发挥个人特长，带动公司快速发展。

4. 共享

合伙公司所创造的价值来自所有合伙人的智慧和努力，那么创造出的价值和成果自然要大家共同分享。不仅要共享收益，还要共享价值。只有通过价值将大家联结在一起，才能形成良性的共享体系。

思想上保持一致，工作起来才能勠力同心。合伙人愿意一起创建公司，共同做一些有价值的事业，恰恰源于他们具有相同的理念。这些理念是建设公司的基础所在，合伙人应该在工作中不断实践和总结，以便更加娴熟地借助合伙人制度创造更大的价值。

一问一答

问 实行合伙人制度有没有可以依从的法律?

答 《中华人民共和国合伙企业法》可以作为实行合伙人制度
的法律依据,该法是为了规范合伙企业的行为,保护合伙
企业及其合伙人、债权人的合法权益,维护社会经济秩
序,促进社会主义市场经济的发展而制定的。

合伙人制度的核心内容

一个人的文化价值观代表着他相信什么，不相信什么，也代表着在个人认知中对价值的判断。根据他的文化价值观，就可以大致预测出他在面对重大决策时到底会做些什么。

在合伙企业中，同样有文化价值观。这种价值观代表着企业的共同信仰和对价值的判断与共识，是合伙人制度能够存在的核心所在。

实际上，合伙企业之所以能够成功，往往是因为具备天时地利人和。具体到人和，并不是说企业成员之间和和气气，而是说融合、契合。在理念、价值观方面，要保持一致；在发展方向上，要保持同步，具有一定的协调性。

要想让企业所有成员产生相同的价值观，通常要在以下几个方面做出努力。

（1）梳理企业的文化价值观，在主要的认知上达成一致。

（2）在企业运营和日常管理上，要体现企业的文化价值观，以便潜移默化地影响所有成员。

（3）企业的文化价值观需要透明、公开，并深入地加以贯彻。

（4）时常举办活动，不断宣传和推广企业的文化价值，让企业成员逐渐产生固化的认知。

（5）招聘和选拔人才时，将企业的文化价值作为重要的衡量标准，遴选与企业更加契合的人才。

（6）当企业成员的价值观与企业文化价值观相冲突时，企业要及时采取措施，树立企业价值观的核心地位。

（7）定期进行企业文化价值观的相关培训，在企业中形成浓厚的氛围。

说到底，企业的文化价值观就是根植于构成企业的每个成员的头脑中的认知和原则。在文化价值观的约束和引领下，企业中的每一个人都怀揣共同的目标，为企业的发展贡献最大的能量。

一问一答

问 适合推行合伙制的企业类型有哪些？

答 ①初创期或转型期的企业；②知识型、技术型的企业；③控股权比较稳定的企业；④轻资产型企业；等等。

审视优缺点，客观认识合伙人制度

事实证明，合伙人制度是现代企业不断发展的制度保障措施。很多运用这一制度的企业，也确实获得了一定的成功。

但是，如果只看到合伙人制度的优点就盲目地加以运用，是有一定的风险的。毕竟，凡事都有两面性，合伙人制度难免会有不足之处。在充分了解合伙人制度的优缺点之后再做决定，才是更加明智的选择。

1. 合伙人制度的优点

（1）劳资关系更融洽。

在雇佣制度下，员工和企业所有权者往往站在对立面。而在合伙人制度下，合伙人与企业的利益捆绑在一起，可以分享剩余价值，获得奋斗的动力。而企业所有权者也可以降低自己的经营风险，通过合伙人的努力获得更多的利益。劳资双方拥有共同的目标，追求共享的利益，关系较以往更融洽。

（2）人才挖掘更充分。

合伙人制度的一个显著特点，就是企业所需的人才可以充分发挥自己的人力资本。通过这种制度，可以吸引更多的人才，并让这些人才充分发挥自己的能力。各类人才聚集在一起，奠定企业持续发展的基础。

（3）内部管理更高效。

在合伙人制度下，企业所有权者与激励对象的地位更加平等，人事关系更为简单，减少了管理成本，提升了内部管理的效率。

2. 合伙人制度的缺点

（1）法律方面存在局限性。

一般来说，《中华人民共和国公司法》大都以股东本位理念为基础，会把股东利益最大化当作公司的目标。而合伙人制度与这一理念存在冲突，所以在某些国家存在争议。

（2）制度形式相对复杂。

合伙人制度是建立在合伙人之间的契约之上的，一旦有合伙人离开或是有新的合伙人加入，就必须重新建立合伙关系，以保护各方的权益。这种构建形式，使得合伙人制度存在一定的复杂性。

（3）易造成决策迟滞。

合伙人制度下，公司的管理工作通常需要所有的合伙人都参与其中，如果公司在做出重大决策之前需要征得每一位合伙人的同意，那么就很容易造成决策迟滞。

从某种意义上说，合伙人制度比雇佣制更加适合现代企业，这也是很多企业开始尝试使用合伙人制度并获得巨大成功的原因。当然，任何一种制度都有其局限性，只有全面地认识合伙人制度的相关内容，才能更加高效地发挥它的作用。

一问一答

问 合伙人制度能给企业带来什么益处？

答 ①为公司所有人树立了共同的道德标准；②解决了公司选择接班人和培养人才的难题；③留住了关键人才，带动公司持续发展；等等。

合伙机制的四个"共同"

从法律和实际商业意义上来看，无论是哪种模式的合伙，其基本模型都是一样的，其核心模型架构都是四个"共同"。

1. 共同出资

在建立合伙企业的过程中，每个合伙人都应该按照约定的比例出资。当然，合伙人可以提供资金，也可以提供人力资本。只有提前约定好出资的份额，并按照约定出资，才能将合伙人的利益捆绑在一起。

2. 共同经营

合伙企业建立之后，合伙人应该共同经营这一事业。合伙人对企业运转情况了解得越清晰，对企业未来的发展方向的把控就越准确。合伙人共同经营企业，不仅可以增强凝聚力，还能共同分担责任。

3. 共同承担风险

经营任何一家企业，都需要承担一定的风险，合伙企业自然也不例外。这种经营方面的风险，需要所有合伙人共同承担，区别仅仅在于，有些合伙人需要承担较大的风险，有些合伙人只需要承担较小的风险。

4. 共同面对盈亏

合伙企业，是根据合伙人合伙的份额来分配盈利或承担亏损的。无论出资份额是多少，所有合伙人都需要共同面对盈亏。

合伙企业建立的根基是合伙人形成共识，达成某种一致。对所有合伙人来说，四个"共同"都是不能逾越的标准线。一旦合伙人之间失去了共同的基础，那么企业将不复存在。

一问一答

问 如何定义普通合伙人？

答 普通合伙人指的是在合伙企业中，对合伙企业的债务依法承担无限连带责任的自然人、法人和其他组织。根据《中华人民共和国合伙企业法》的规定：国有独资公司、国有企业、上市公司以及公益性的事业单位、社会团体不得成为普通合伙人。

合伙制企业与股份制企业的不同之处

从表面上看，合伙制企业和股份制企业有很多相似之处：都是两人或两人以上的合作者共同创办的企业组织形式；合作者都可以拥有企业股权，并享受股权带来的权利；等等。

正是因为两者的这些相似性，使得很多创业者将它们混为一谈，在创业之路上出现了差错。

从内在的运作机制上来看，其实两者有很多不同，主要表现在以下五个方面。

1. 当事人承担的责任不同

在合伙制企业中，每个合伙人都要对合伙企业的全部外债承担连带、无限责任；而在股份制企业中，股东所要承担的责任以其出资额为限，只需要对公司债务承担有限责任即可。

2. 利益分配时间、比例等不同

在合伙制企业中，所得利益往往是事后分配；而在股份制企业中，通常是事前分配利益。

通常来说，合伙人之间只是约定贡献的评估方式，在获得利润之后才会按照既定的比例去分配利益；而在股份制企业中，则要求在设立或每次有新股东加入时就确定具体的行权比例，之后才正式展开合作。

3. 权利人资格不同

在合伙制企业中，合伙人资格是获得企业分红的基础条件，不能转让、继承；而在股份制企业中，股权拥有者资格可以转让、出售，甚至可以一代代传下去。

4. 表决权不同

在合伙制企业中，需要做出某项决策时，通常是所有合伙人一人一票，每个人的表决权是相同的；而在股份制企业中，做出决策时并不需要所有股东参与其中。

5. 加入和退出的规定不同

在合伙制企业中，合伙人需要签订合伙协议，合伙人想要退出或新的合伙人想要加入时，必须征得所有合伙人的同意，并重新签订协议；而在股份制企业中，股东是不能退股的，想要离开公司，只能将自己的股份转让给其他人。

随着创业时代的来临，越来越多的创业者开始尝试创办自己的企业。可是，对企业性质的一知半解，让很多人难以辨别出合伙制企业与股份制企业。从本质出发，发现两者的不同之处，才能更好地驾驭企业。

一问一答

问 合伙人的出资方式有哪些？

答 根据《中华人民共和国合伙企业法》的规定，合伙人可以用货币、实物、知识产权、土地使用权或者其他财产权利出资，也可以用劳务出资。

合伙人以实物、知识产权、土地使用权或者其他财产权利出资，需要评估作价的，可以由全体合伙人协商确定，也可以由全体合伙人委托法定评估机构评估。合伙人以劳务出资的，其评估办法由全体合伙人协商确定，并在合伙协议中载明。

第七章

多模式共存，合伙模式多样化

×

×

对于想要创立合伙企业的企业家来说，适当的合伙模式是合伙企业中的重中之重。合伙模式多种多样，而且多种模式都可以在企业中共存。了解各种模式的特点，有利于更好地掌控公司的发展方向。

股份合伙：谋求共同发展

所谓股份合伙，就是合伙人投资并拥有公司的股份，成为公司的股东，在参与公司运营活动的同时，需要承担经营和投资风险，并有权享受股份分红。

从合伙制的发展历程来看，股份合伙是比较常见的合伙企业形式。对创业公司来说，就是创始合伙人共同出资和经营；而对传统企业或并未处于创业期的公司来说，更多表现为公司和核心员工共同出资成立新公司的形式。

在具体操作过程中，以下几个方面需要多加留心并处理得当。

1. 股权架构是否合理

股权架构的合理性包括股东持股形式、股东股份的分配、预留股份的设计、实际控制人的确定等。这一系列问题，每家公司在成立之初都会遇到。

在实际运营中，由于出现公司发展规划调整、人员变动等情况，股权架构会变得不再符合实际情况，此时的股权架构就不再合理了，一旦出现这种情况，应该随实际情况进行适当调整。

2. 股东议事规则的确定

股东议事规则主要包括股东会和董事会如何合法合规地召开、意见不合时应该听谁的、股东的分工如何确定、股东代持协议怎么起草、公司亏损如何承担等。

这些规则是合伙人制度存在的必要保障，将这些规则尽量明确化，落实到纸面上，在公司运营过程中遇到相关问题才能做到有章可循。

3. 股权控制权

通常来说，第一大股东要对公司拥有绝对的控制权，他的地位不可动摇。因此，在确定合伙之前，要对股权控制权做好设计，以免合伙之后因控制权问题导致不必要的麻烦。

一般来说，可以通过一致行动人协议、投票权委托、公司章程、"AB股"架构[①]等方法来确保第一大股东对公司的控制权。

合伙人选择股份合伙的模式，是希望可以与合伙人共同发展，谋求更大的共同利益。在这个目标的引领下，合伙人遵照相关章程各司其职，才能确保各项事务顺利展开。

---

① "AB股"架构：根据相关规定，将股票分为A股和B股两个层次，其核心是同股不同权，外部投资者持有的A股，每股只有一票投票权，而企业管理层持有的B股，每股则有几票投票权。

一问一答

问 在股份合伙公司中，比较常见的问题有哪些？

答 ①股东坐享其成问题；②股权转让过程中的税务问题；③股东分红及变现的问题；④股东议事规则的问题；⑤股权控制权的问题；⑥股东退出的问题；等等。

事业合伙：人力资本是纽带

所谓事业合伙，指的是以人力资本作为纽带的合伙。在这一制度中，人力资本是为企业创造价值的主要因素。在与货币资本的合作及博弈中，人力资本往往拥有更多的剩余价值索取权和经营决策权。

在事业合伙模式下，职业经理人这一职务逐渐淡化、消亡，事业合伙人不再仅仅为股东打工，而是成为股东的合作伙伴，拥有了更多的话语权。

事业合伙人制度不单单是一种激励手段，还是企业持续发展的动力。要想让事业合伙人制度成功落地，一般要经过以下几个步骤。

1. 为公司估值

无论企业所有权人想要引进投资人还是从公司内部寻找合作伙伴，首先要解决的问题都是公司到底值多少钱。为公司估值，然后才能估算出资额度和占比。

估算的方法和工具有很多种，如市盈率法、市净率法、市销率法、自由现金流量折现法等。无论使用哪种估值方法，都应该客观、公正。估值太高，别人不愿投资；估值太低，自己就会受损失。

2. 选拔合伙人

对合伙人展开选拔，是建立合伙企业的必备步骤。选拔对公司的价值观和企业文化有比较强的认同感的合伙人，才能给公司带来向心力。

在选拔的过程中，工龄、业绩、岗位、未来价值等维度是需要重点考量的标准。公司对未来合伙人的评估要有一定的科学性，这样才能让人信服。此外，公司应该建立推荐机制，这样会给被推荐人带来干劲，使得他们对公司更加忠诚。

3. 合伙人出资

确定了合伙人的股份数量和单价之后，接下来就是合伙人出资的环节了。如果合伙人有足够的资金可以自由支配，那么出资这一步骤就可以轻松完成。但从实际情况来说，有些合伙人虽然有出资的意愿，可是因为种种原因拿不出足够的钱，那么出资这一步骤就无法完成。

一旦合伙人无钱可出，这就意味着合伙无法落地。因此，在设计合伙方案时，要对出资这一步骤做更全面的考虑。

4. 分红

在大多数情况下，企业分红的依据都是净利润。这种分红方式的缺点是容易发生财务舞弊问题，因为实践中会有很多方法用来调整净利润。

而以销售收入作为分红的依据，同样存在风险。一旦某些员工为了业绩而不择手段，那么他们的收入会增加，公司的业务规模会变大，可实际上公司的获利并不多。

可以说，在事业合伙的模式下，分红这一步骤中往往存在各种风险。在公司运营的过程中，各合伙人都需要时刻监督别人和自己，公司的各种制度也要更加完善。

5. 退出

在合伙人制度中，退出机制占据着举足轻重的地位。自愿合伙建公司，当然也可以自由选择是否退出。

相关数据表明，合伙企业中出现的很多纠纷都集中在退出环节。因为退出的方式、时间等都会对合伙人的权利、收益等产生一定的影响。在涉及个人利益时，所有人基本上都会据理力争。所以，在设计退出机制时，一定要慎之又慎。在决定退出时，也要做到有法可依、有据可循。

在事业合伙模式下，与企业所有权者合伙的人才希望展现自己的才能，而企业所有权者则需要人才为企业创造更多的价值，带来更多的收益。因此可以说，人才是最宝贵的资源，也是联结各方的纽带。

一问一答

问 事业合伙人的常见模式有哪些？

答 ①创始人模式；②企业精英模式；③管理团队模式；④全员合伙人模式；等等。

业务合伙：独立开拓，实现业绩

所谓业务合伙，指的是合伙人在业务方面展开合作，双方各自承担相应的责任，共同分享业务所获收益的合伙模式。

在这种模式下，合伙人之间的合作关系十分紧密，彼此之间需要更多的支撑和扶持。

通常来说，业务合伙有两种比较常见的形态。

1. 早期形态

合伙人制度早期的形态为经营团队独立自主地进行业务拓展和执行，并享受经营所得的利润。

这种形态在智力服务机构（管理咨询公司、会计师事务所、律师事务所、投资理财公司等）中比较常见，因为在这类轻资产运作的机构中，人力资本在经营中占据重要的地位，如果需要拓展新的业务板块，那么无须增加额外的资源和资本，只要有足够的人员就能尽快开展。

2. 类似承包制演化的形态

在这种形态下，公司通常会预先给经营团队设定业绩、利润等，如果经营团队通过自己的努力完成了预定目标，那么经营团队可以分享增值部分的利润。如果没能完成预定目标，那么经营团队的收益将会受到影响。

在员工对公司业绩/利润等发挥重要作用，但他们的经济实力不足以通过资金合伙的非轻资产运作的企业中，这种形态运用较多。大部分情况下，它被用于基层员工的合伙人制度改造。

业务合伙不涉及法人主体及股份身份等相关事项，对企业所有权者的权益有比较大的保障。业务合伙人只要专注于开拓市场，完成既定任务，实现业绩和利润的增长，就能享受相应的分成。对合伙人各方来说，这种合伙模式是比较稳妥和简单的，无须过多改变，只要将自己负责的事务做好，合伙企业就可以持续经营下去。

一问一答

问　采用合伙人制度，应该注意些什么？

答　①需要创新精神，敢于对旧的管理模式进行改革；②勇于试错，不断完善合伙人方案；③精益求精，对合伙人制度持续进行优化；等等。

生态链合伙：产业链层面的合作共赢

生态链合伙这种模式，是从产业链的角度来看的。在产业链中，企业的供应商、经销商、客户、投资人、离职员工及其他资源的提供方等外部合作者，都可以成为生态链合伙人。

从某种意义上说，生态链合伙制是企业拓展业务、增加盈利的重要手段。通过合理的设计，可以实现双赢甚至多赢。

在选择生态链合伙人的过程中，以下几点需要多加关注。

1. 依实际情况而定

每家企业所面临的环境和所处的发展阶段不同，产业链上可供选择的合伙人自然也不同。在实际操作中，应该以企业的实际情况为基础，严格选择最适合的合伙人。

2. 扎根所在领域

生态链合伙存在的关键是找到产业链中的优质合作者，让他们成为合伙人。因此，设计合伙方案时，应该扎根于企业所在的领域，从熟悉的产业链入手显然更容易成功。

3．对生态链合伙人进行动态管理

在合伙人制度下，合伙关系需要保持动态平衡。在生态链合伙中，企业同样需要对合伙人进行动态管理。当发现某个合伙人不再适合或是难以满足企业的某些要求时，可以通过适当的调整来激发合伙人的潜力。

4．关注生态链合伙人的利益

在与生态链合伙人合作的过程中，双方存在互惠互利的关系。企业越是关心合伙人的利益，让他们获得更多的利益，企业越能从中获得更多的利益。从这个角度来说，企业关注合伙人的利益，其实就是在关注自己的利益。

5．约束生态链合伙人的行为

在生态链合伙的模式下，企业与合伙人是一个利益共同体。合伙人的行为不再是个体的行为，而是关乎企业形象的企业行为。因此，企业应该为合伙人制定行为规范，以免合伙人的某些行为给企业带来负面影响。

从生态链合伙的模式来看，其主要目的是将有权力的人、有资源的人、有财富的人聚集到一起，成为企业合伙人。可是，并不是所有的企业都有能力和条件去挖掘和发展生态链合伙人。对于大部分企业来说，它们只能成为生态链合伙事业的追随者或参与者。

一问一答

问 生态链合伙可以分为哪些类型?

答 ①上游合伙,即供应商合伙、制造商合伙、原材料商合伙
等;②下游合伙,主要包括经销商合伙、项目合伙、城市
合伙等。

第八章

精妙设计实施，掌控合伙方向

×
×

想要设计出一个优秀的合伙方案，需要进行大量的调查和精妙的设计。耗费大量人力、物力之后，如何顺利实施合伙方案则成为合伙各方关注的焦点。只有按计划实施，才能更好地掌控合伙方向，让企业少走一些弯路。

为什么需要合伙人

在管理实践中不难发现，合伙人制度正在逐步取代传统的雇佣制。在如今这个人人创业的时代，合伙制正在迅速发展。

通过合伙，可以实现资源和利益的共享，降低个人创业的风险。那么，企业为什么需要合伙人？合伙人又能给企业带来什么呢？

1. 人才互补

人才是企业的重要资源，任何一家企业想要做大做强，都必须拥有足够的人才。可是，对大部分企业来说，人才匮乏是长期面临的难题。甚至可以说，制约很多小型企业发展的根本原因就是缺乏所需的人才。

合伙人制度出现之后，人才有了更多的就业选择。对小型企业来说，这是引进人才的好机会。通过合伙，将所需要的人才引进企业，实现人才互补，能够给很多企业带来新的管理模式和发展契机。

2. 积累资金

对新创立的企业而言，资金不足是一个很大的难题。在引入合伙人之后，资金困境将会有所缓解。即便一位合伙人无法带来太多资金，但是所谓集腋成裘，随着合伙人的不断加入，资金会越积累越多。

从某种意义上说，合伙是一种集资方式。创始人通过合伙的形式将资金聚集起来，然后以分红等方式给予合伙人相应的回报。

3. 资源共享

如今这个社会，资源整合能力正成为衡量一个人事业成功与否的重要标准。在某些情况下，一些人即便没有启动资金和人才，也能通过整合的方式去做成某个项目。而合伙企业，恰恰是进行资源整合的优质平台。

合伙人带着各自的资源加入合伙企业，与其他合伙人共享这些宝贵的资源。将这些资源进行整合之后，企业所拥有的资源会变得相当可观。这些资源会让企业变得更加完善，拥有更好的发展前景。

4. 提升职业态度

无论从事何种工作，职业态度都很重要。不夸张地说，一个人的职业态度可以决定其职业生涯的发展轨迹和最终高度。积极、乐观的态度，会激发更多的潜力；消极、悲观的态度，只会让人原地踏步甚至退步。

合伙人制度提倡的是所有合伙人共同管理和经营，每个人都是企业的主人。当合伙人带着主人翁精神去工作时，往往会更加积极和主动。合伙人之间的良性刺激，会让所有人变得更加职业，使企业发展变得更加顺利。

　　合伙人制度很好地弥补了雇佣制的一些不足，让合伙人产生了更多的工作动力。对企业而言，合伙人不仅能带来资源、资金等，更重要的是，不断加入的合伙人为企业带来了更多、更新鲜的想法和持续不断的竞争，这让企业一直走在创新和改革的道路上。

一问一答

问 合伙人制度下，企业家的观念需要如何转型？

答 ①改变"企业是我的"的意识；②打造共享型的组织文化；③建立客观公正的评价系统；④运用群体智慧去做决策；⑤从关注人到关注人背后的制度建设；等等。

挑选合伙人，勿忘八大标准

在任何一家企业中，人才都是成就企业最重要的条件。合伙企业要想保持良好的发展态势，首先要找到合适的合伙人。那些获得成功的合伙企业，无一不是选中最适合企业的合伙人。

虽然合适的合伙人并不好找，但是并不意味着就要放低选择的标准。实际上，那些合适的合伙人都有一些共同特征，这些特征就是选择合伙人的标准。

1. 价值观与企业契合

无论企业发展到什么阶段，合伙人的价值观都是一个重要的考核标准。那些与企业价值观相契合的合伙人，才能与企业共患难。如果合伙人的价值观始终无法与企业的价值观相融合，那么日后就会很容易出现分歧，以至于最终分道扬镳。

2. 德行优秀

品德决定一个人的行为方式，体现一个人的综合素质。它能产生一种无形的力量，激励一个人向着正确的方向前进；它能产生约束的力量，让一个人保持正直，恪守职业道德。与这样的合伙人共事，企业的利益能够得到最大程度的保障。

3. 有一定的资金基础

在某些合伙模式中，有些合伙人会以人力资本合伙，从而体现出他们的软实力。但一家企业想要获得更大的发展空间、更多的发展机会，那么足够的资金保障也是必备条件之一。如果合伙人既有软实力，又有硬实力，那当然是更好的一种选择。

4. 专业水平过硬

企业想发展，需要的是能够独当一面的人才，选择合伙人时，要将其专业水平视作重要的衡量标准。只有专业水平过硬的合伙人，才能令其他员工信服，进而发挥自己的领导能力，培养出更多人才的同时，也在自己的岗位上发挥巨大的作用。

5. 业绩出色

在合伙企业中，很多时候都要靠业绩来说话，想选择一个优秀的合伙人，很有必要从业绩的角度来考量。出色的业绩不仅能证明合伙人的能力，也能在带领下属的过程中体现其更大的说服力和影响力。

6. 良好的人际关系

合伙人是合伙企业的重要组成部分，在企业中拥有良好的人际关系的员工，能与各方保持良好的沟通和联系，有助于工作的顺利展开。他们通常都有同理心和较好的理解能力，愿意帮助同事成长，带动整个团队变大、变强。这样的合伙人是比较好的选择。

7. 具有创新精神

全民创业时代，机会更多，竞争也更激烈。想从竞争中脱颖而出，需要具备一定的创新精神。寻找一些别人尚未发现的机会，推动每个优秀项目从想法变成现实，这能体现合伙人的创新意识和能力。即便在外部条件支持不足的情况下，依然可以创造价值的合伙人，是真正优秀的选择。

8. 拥有发展潜力

企业选择合伙人，不仅要看他们目前的软实力和硬实力，更要关注他们的发展潜力。因为合伙人要与企业一起成长，需要跟上企业成长的步伐。如果合伙人没有足够的潜力，那么当企业发展到一定阶段时，合伙人就要面临被淘汰的局面。一旦合伙人被淘汰，就意味着企业要重新选择合伙人，这无疑给企业的运营带来了额外的障碍。

除了上述几个重要的准则之外，企业还应该对合伙人的意志品质、责任心、自控力、抗压力和影响力等予以关注。

企业在挑选合伙人时，要做更全面的考量，考核标准中融合越多的因素和项目，考核结果就越能全面地反映合伙人的具体情况。当然，在实际操作中，企业可以根据企业的实际情况，选择其中的一部分标准作为考核项目。

一问一答

问 哪些人不适合成为企业的合伙人？

答 ①只愿投资却不愿参与企业创业的人；②拥有技术却只做兼职的人；③天使投资人；④创业初期的普通员工；等等。

绩效和激励，给予合伙人应得的利益

毫不夸张地说，激励是合伙人制度存在和延续的根基之一。如果没有激励，那么合伙人制度是无法运行下去的。毕竟，财富是人的重要需求之一。当然，财富不会从天而降，需要付出劳动才能换取。

合伙人之间达成某种共识，建立起公司，彼此之间就有了很强的关联性。实施与绩效挂钩的薪酬制度，可以激励合伙人和员工积极完成既定目标。根据绩效结果给予合伙人应得的利益。

在这个流程中，有一个核心原则，那就是绩效和薪酬紧密相关。在实际操作中，绩效能够发挥的作用表现在以下两个方面。

1. 发挥柔性和刚性的双重作用

柔性指的是绩效会给团队成员带来心理压力。一旦合伙人接受了绩效要求，就意味着他承诺完成目标。为了完成目标，合伙人必须付出更多的努力。可以说，绩效会促使合伙人自动自发地展开自己的工作。这恰恰是企业希望达到的某种效果。

刚性指的是绩效决定激励大小这一标准是坚决不变的。绩效高，说明合伙人对企业做出的贡献就大，因此能够获得的激励就多；绩效低，说明合伙人为企业做出的贡献有限，因此能够获得的奖励也十分有限。

在柔性和刚性的双重作用下，合伙人往往会为了更多的激励而加倍努力，给企业带来更多的收益。

2. 发挥安全和自我实现的双重作用

企业员工愿意变成企业合伙人，很重要的一个原因是看到了企业前景，相信企业会有好的发展，自己投身其中不会有什么风险。这种安全性会促使合伙人更加坚定地与企业站在一起，做一个无比忠诚的员工。

此外，合伙人有实现自我价值的欲望。成为企业的合伙人，恰恰可以加快实现价值的步伐，更快、更早地达成个人目标。这种激励性会让合伙人充满斗志，即便失败了，也能很快恢复过来，重新投入工作之中。

在安全和自我实现的双重作用下，合伙人在对公司产生更多信任的同时，会更加积极地工作，以尽快实现个人目标和价值。

综上所述，绩效和激励会对合伙人产生正向的推动作用，让他们更加积极、主动地为企业发展献计献策。当他们倾尽全力为企业付出之后，企业应该按照约定给予他们相应的利益、荣誉等。在各自严格履约的情况下，企业与合伙人的合作会更加融洽，使企业获得更好的发展。

一问一答

问 合伙人的影响力体现在哪些方面？

答 ①工作态度；②业务能力；③努力程度；④资源整合；
⑤个人形象；⑥人际关系；等等。

合理分配股权，合伙企业的生存之道

在合伙企业中，各合伙人的利益分配通常取决于股权的分配。如何设计一个令合伙人满意的股权分配方案，是一个需要认真考虑的问题。

合理地进行股权分配，尽最大可能保护每一个合伙人的权益，才能最大限度地保护企业的利益。通常来说，合伙人的股权分配主要有以下四种情况。

1. 合伙企业的股权分配

在早期创业公司中，股权分配的设计方案主要涉及两个问题：一是怎样利用合理的股权结构来确保创始人对公司拥有绝对控制权，二是怎样通过股权分配帮助公司找到更多的合伙人、投资人等。

在很多创业公司中，比较容易出现这样的情况：在创业初期，由于公司的股权就是一张空头支票，所以各合伙人只顾埋头苦干，没有特别在意股权分配。可是，随着公司不断发展壮大，拥有越来越多的财富，早期的创始合伙人便开始考虑自己应该拥有多少股权。如果这时再讨论如何分配股权，显然已经太晚了。

在创业初期就确定股权分配形式，相较而言是更容易的操作。因为创业初期的企业结构相对简单，几个合伙人只要按照出资比例就能约定股权分配比例了。

2. 给予高级人才部分股权

无论哪种类型的企业，都离不开人才，特别是高级人才。为了吸引和留下高级人才，合伙企业有必要拿出一部分股权（例如20%~30%）给予他们，并让他们享受由股权带来的红利。

随着企业的持续发展，会吸引资金和人才不断涌入。因此，企业股份结构的随机调整变得非常重要。对企业来说，股权分配和调整是一项长期的工作和任务。

3. 创始人与合伙人分配股权的方法

一些企业在创始之初并非合伙企业，而是发展到一定阶段之后，需要合伙人的加入来改善企业原有的体制和结构。在这种情况下，企业创始人需要掌握一些重要理念，并设计出合理的股权分配方案。

（1）创始人需要将公司控制权掌握在自己手中。

（2）人才比资金更重要。

（3）合伙人需要投入一部分资金。

（4）股权结构应该相对简单、明晰。

（5）千万不要选择均分股权。

（6）创始人和合伙人的股权比例不能相差过大。

（7）股权结构不能过于分散，合伙人数量保持在一定限度。

由上述内容不难看出，合伙企业中的股权分配方式是丰富多样的。面对不同的合伙人和合伙状态，需要制定相应的股权分配方案，这样才能促使合伙人更加积极主动地投身到企业发展之中。

一问一答

问　在合伙人企业中，合伙人除了可以享受利润分配外，会不会承担亏损？

答　根据《中华人民共和国合伙企业法》第三十三条的规定，合伙企业的利润分配、亏损分担，按照合伙协议的约定办理；合伙协议未约定或者约定不明确的，由合伙人协商决定；协商不成的，由合伙人按照实缴出资比例分配、分担；无法确定出资比例的，由合伙人平均分配、分担。

合伙协议不得约定将全部利润分配给部分合伙人或者由部分合伙人承担全部亏损。

逐步定位，制定发展战略

在具体的发展战略制定上，各家企业的情况和发展方向均有不同，因此在制定战略时也有所差异。

从整体发展趋势来看，合伙制企业通常并不是一开始就一步到位地制定出发展战略，而是在业务探索发展的过程中，一步步根据实践构建出来的。合伙制企业需要不断地尝试各种发展可能，通过不断总结经验，认识到某种适合企业的发展思路或工作方式，然后将其逐渐升级为企业的发展战略。

当然，这种摸索并不是毫无目的地胡乱尝试，而是在符合企业整体发展框架的前提下进行有益的尝试。

在信息时代，合伙人有更丰富的资讯渠道和调研途径，帮自己选定事业方向，设计相对可靠的战略计划。一旦公司开始运营，就可以在发展过程中随时根据运营情况，及时灵活地调整目标、战略等。

一个善于抓住机会持续发展的企业，知道及时复盘，总结每一步战略节点的成果，通过总结经验教训，对下一步的发展做出谋划。在不断的分析和调整中，聪明地应对各种可能出现的变化，寻找和把握新的发展机会。

实际上，在合伙制企业发展的过程中，并不需要过分强调战略计划的绝对精准，事实上想要做到绝对精准几乎是不可能的。影响企业发展的内外部因素很多，变化性很强，一个变量就可以对整体态势产生巨大的影响。

因此，制定合伙制企业的发展战略时，要先从逻辑上可行、具有可操作性、能够体现价值等方面进行综合研判，看一下此战略是否具有价值；如果有价值，再通过市场调研、会议研究等方式对研判结果进行验证即可。如果验证通过，那就可以放开手脚付诸实施；如果验证没有通过，那就总结其中的问题，为下一次的尝试奠定基础。

制定发展战略时，最忌讳的是在没有看清未来的情况下，就盲目地将有限的资源全部投入进去。一旦出现问题，企业资源已经耗尽，即便想做调整也是有心无力。所以说，在制定发展战略时，合伙制企业需要逐步定位，并留出一部分后备资源。

一问一答

问 合伙失败的常见原因有哪些？

答 ①合伙人看不到企业的发展前景；②企业所有权者失信于合伙人；③企业财务制度不透明；④制定的企业目标不合理；⑤制定的分配方案不公平；⑥缺少投资人；等等。

进退自由，制定合伙人的退出机制

如今，在很多企业中，合伙人机制已经成为留住人才的重要手段。可是，由于企业经营过程中出现的种种情况，如企业前景不明、企业内部调整、合伙人个人意愿等，一些合伙人可能会选择主动退出。或是由于合伙人无法适应企业的发展，就会被企业淘汰。

一旦出现合伙人退出的情况，企业需要有退出机制作为执行依据。如果没有约定好退出机制，企业难免会因此遭受一些困扰。

那么，在设计退出机制时，应该注意哪些比较常见的情况呢？

1. 合伙的时效约束

合伙人的合伙时间应该提前做出约定，当约束时效满期后，合伙人可以自由选择是退出还是继续合伙。

2. 约定未到期退出

遇到特殊情况时，一些合伙人或许会在约定未到期的情况下要求退出。对此，有以下两种处理方式。

（1）假如公司正处于盈利状态，可以按照股份比例分配本年度的利润，但是本金不退。

（2）假如公司正处于亏损状态，那么合伙人无权分享利润，本金也不退还，也就是需要净身出户，但股权可以转让给其他合伙人。

3. 无法胜任职务退出

企业不断发展壮大，对合伙人的要求也不断提高。当合伙人无法胜任职务时，将不得不面对被淘汰的局面。在这种情况下，合伙人需要净身出户。

4. 因疾病或死亡无法履约

如果合伙人出现因疾病或死亡而无法履行责任的情况，应该按照一定的比例，逐年释放合伙人的股权，直到完全释放为止。在拥有股权的期间，合伙人可以分享每年的利润。

5. 合伙期间违背约定

在合伙期间，如果某个合伙人做出以权谋私、泄露公司机密之类的举动，那他就要净身出户。

6. 退出时股权价格的确定

一般来说，股权回购价格的确定，需要分析公司具体的商业模式，既能让退出的合伙人分享公司成长收益，又不会让公司面临过大的现金流压力，同时要留出一定的调整空间，使其具有灵活性。总之，对各种因素进行综合考量之后，才能确定最终的股权价格。

合伙人选择加入或退出合伙企业都是具有自由选择权的，他们可以随自己的意愿做出最终的选择。只不过，合伙人无论是加入还是退出，都应该受到相应的约束。制定退出机制，能够更好地保护每个合伙人及企业的权益，所有参与者都应该对此给予足够的重视。

一问一答

问 一般情况下，合伙人退出的类型有哪几种？

答 ①正常退出（离职、辞职、死亡等）；②非正常退出（失职、营私舞弊、泄露公司机密等）；③资本规划退出（经营策略调整、发展计划改变等）；④淘汰退出（竞争失败、无法适应公司发展需求等）；等等。

第九章

解决利益分配这个大问题

×

×

合伙人建立合伙企业的最终目的，是获得想要的利润和收益。在企业赚取利润之后，只有采取合理的利益分配方式，才能满足合伙人的需求，提升合伙人的工作热情。

利益分配的三大标准

涉及利益分配时，"多劳多得，少劳少得，不劳不得"是牢不可破的基本原则。无论是在传统企业中，还是在合伙企业中，这一原则都是适用的。只不过，在合伙企业中，利益分配的标准有所不同。那么，具体应该怎么分配呢？怎样才能设计一个科学合理、符合客观实际的分配标准呢？

通常情况下，在合伙企业进行利益分配时，必须要充分尊重合伙人的贡献和价值。在此基础上，才有了以下三大标准。

1. 按照股权份额分配

在合伙企业中，各合伙人所占股权份额有所不同。根据股权份额分配，是一种比较公平的分配方式，而且，这个分配标准应该优先考虑，为企业投资多的合伙人，理应获得更多的回报，这一点毋庸置疑。

当然，这一标准也不是恒定不变的。在充分考量各合伙人所做的贡献及某些岗位的特殊性等因素之后，可以进行综合计算。这样，既能保证基本的公平性，又可以体现一定的差异化。

2. 划分职位/岗位系数

在合伙企业中，任何利益的分配，表现的都是对合伙人的认可和激励。而身处不同职位/岗位的合伙人，对企业的发展会起到不同的作用，也就是说，合伙人所处的职位/岗位，与其能够为企业创造的价值密切相关。

因此，在进行利益分配时，首先要对职位/岗位划分相应的系数，再根据系数去计算不同职位/岗位上的合伙人最终应该分配到多少利益。

3. 考量对企业的实际贡献

股权份额和职位/岗位系数，都是考量对企业贡献比较固定的衡量标准，可以进行量化。如果仅仅以固定的数值来制定利益分配方案，往往不够全面。因为在某些情况下，合伙人所做的贡献并不会体现在量化的标准上。鉴于此，企业很有必要去考量合伙人的实际贡献。

对一些没有具体业绩的合伙人，可以考虑按照分配系数来分配利益，这样可以最大限度地保证分配的公平性，充分体现对各位合伙人的尊重。

利益分配是一项非常复杂的工作，需要考量的因素有很多。在实际操作中，只有设计一个更加全面、合理的分配方案，才能体现合伙人对企业所做的贡献。可以说，考虑的因素越全面，工作做得越细致，就越能体现公平性。

一问一答

问 职位/岗位系数应该怎么划分?

答 将全部职位/岗位划分一定的等级,一般来说,职位等级越高,岗位越重要,相应地职位/岗位系数也就越高,以保证工资要比普通员工的高。也可以将好几个职位归类到同一个等级里,同一等级岗位工资的岗位系数相同(其中比较关键的岗位、人数较多的岗位系数一般定为1,再低的可以定为0以上1以下)。

按股获利，平均主义不可取

在按劳取酬的年代，劳动创造的价值与能够获得的报酬直接挂钩。创造的价值越多，所能获得的报酬也应该越多。如果企业为了搞所谓的一视同仁而采取平均主义来分配利益，其实是最大的不公平。

为什么这么说呢？因为平均主义就意味着"大锅饭"，意味着合伙人做出的贡献是一样的，创造的价值是相同的。可实际上，每个合伙人做出的贡献和创造的价值是不同的。如果采取平均主义来分配利益，那就是抹杀了一部分合伙人所做的贡献，却让另一部分没有做出那么多贡献的合伙人坐享其成。这对那些做出很大贡献却没得到相应回报的合伙人是不公平的，会让其失去奋斗的动力；而那些没有做出多少贡献就得到超额回报的合伙人，则会更加目无工作，成为公司的"毒瘤"。

在实际运营中不难发现，按照平均主义来分配利益的合伙制企业，往往难以长久经营下去。因为这种分配机制与合伙人制度是相违背的，不仅无法起到激励合伙人的目的，反而会消磨他们的斗志。

长此以往的话，整个企业都会消极怠工，这与企业激励合伙人的初衷明显背道而驰。当企业不再产生业绩，那么它就将走向消亡。所以说，无论如何，都不能在合伙制企业中采取平均主义的利益分配制度。

一问一答

问 好的股权架构标准是什么样的呢？

答 好的股权架构标准，一般有这样的：①股权结构简单明晰，即股权划分落实到书面上，股东数量与持股比例要明确；②有一个核心股东，即需要有一个最大的股权持有者，这个人最好是公司的首席执行官；③股东资源要互补，即合伙制企业中占股的每个股东之间需要资源互补，可以协调作战；④股东之间信任合作，即各合伙人要彼此独当一面，各司其职，互不干涉，彼此信任；⑤预留股份调整机制，即企业要将一部分股权拿出来，用来激励更多合伙人加入，以利于企业的发展。

分利不散伙，分红原则须遵循

因利益不均或是分红不合理而分崩离析的企业，并非个例。因此，了解和掌握合伙企业的分红原则极为必要。否则，如果因为分红而搞得人心动荡，那么散掉的就不只是人心，还有合伙企业。

一般来说，想要合理地分红，通常需要考虑以下几个原则。

1. 平衡发展和分红之间的关系

作为企业的创立者，通常希望企业可以越做越大，越做越强。这就意味着要投入更多的人力、物力、财力。那么，资金从哪里来？这就涉及合伙人的分红问题。想要将更多的未分配的利润用于企业的发展，那合伙人能够分到手里的钱必然会有所减少。对于一些急于收回本钱的合伙人来说，这往往是产生矛盾的根源。

因此，如何才能平衡企业发展和分红之间的矛盾，是一个值得深思的问题。只有在征得合伙人同意的情况下，才能将本应属于他们的分红用于企业发展。这是一个非常重要的原则，不能随意打破。

2. 平衡资本价值和人本价值之间的关系

在一家合伙企业中，资本价值和人本价值并不矛盾。只不过，在某些时候，两者会出现难以融合的情况。

分红时，究竟是将资本股份作为衡量标准，还是将人力资本贡献作为衡量标准，这在制定分红方案时就应该慎重考虑和确定。一旦与合伙人达成共识，那么分红时就必须按照约定执行。

3. 平衡增量分红和存量分红之间的关系

所谓增量分红，是按照超额利润①进行分红；而存量分红，是按照净利润进行分红。可见，前者是做"加法"和"乘法"，后者是做"减法"。两者之间的关系，显然存在一定的矛盾。

进行分红的具体操作时，要尽量平衡两者的关系，进而让合伙人和企业都得到最大的利益，这才是最优秀的分红方法。

分红的目的是让合伙人得到应得的利润，激励他们与企业一起持续成长。如果不遵循其中的规则，那么分红可能会导致合伙人散伙，这是所有人都不想看到的局面。

一问一答

问 合伙人的主要权利有哪些？

答 合伙人按照合伙协议享有的权利有：①共有财产权；②合伙经营权；③利润分配请求权；等等。根据《中华人民共和国合伙企业法》，入伙的新合伙人与原合伙人享有同等权利，入伙协议另有约定的，从其约定。

---

① 超额利润：又称为纯粹利润，是指超过正常利润的那部分利润。

分红模式不同，激励效果迥异

在合伙企业的运营过程中，有诸多分红模式可供企业选择。不同的分红模式，使合伙人能够收获的利益和产生的激励效果有很大的不同。

那么，分红模式具体可以分为哪几种呢？

1. 兜底分红

这种分红模式指的是企业或股东承诺按照一定的比例或固定的投资回报兑现分红，而不管企业的业绩是否已经达标或经营目标是否已经实现。

这种模式以牺牲大股东的利益为代价，往往难以持续很长时间，可以说是一种短期行为。假如企业的业绩始终不见好转甚至持续下滑，那么合伙人很容易失去信心，最终导致合伙失败。

2. 增量分红

在传统的雇佣模式中，企业的激励体系通常是工资+提成+奖金+福利。而增量分红模式则是在传统的薪酬体系下增加利润分红。

企业与合伙人可以事先约定目标业绩和目标利润，一旦达成目标业绩和目标利润，就可以将超额或增量的利润分配给应得的合伙人。

3. 考核分红

这种分红模式是建立在业绩考核的基础上的，实行考核的过程中，权力和责任应该对等，奖罚分明应该是最基础的原则之一。

在具体实施中，KSF（Key Success Factors）薪酬全绩效模式①是很受欢迎的一种模式。在这种模式下，分配的并不是企业的既有利润，而是一种超价值的分配。企业需要用好的管理来创造更多的价值，吸引合伙人加入进来。

企业对分红模式的选择，受到多种因素的影响，根据企业的实际情况和想要实现的激励目标，企业可以自由地加以选择。

一问一答

问 合伙人的主要义务有哪些？

答 根据《中华人民共和国合伙企业法》合伙人的义务有：①按合伙协议约定的出资方式、数额和缴付期限，履行出资义务；②承担合伙事务的义务；③分担亏损的义务；④竞业禁止的义务；等等。

---

① KSF薪酬全绩效模式：指按照关键成功因素对工作岗位进行提炼有价值的关键指标，并对指标进行全面绩效管理和价值评估，按关键指标价值和考核情况支付薪酬。

合伙人的几种附加收益

为了激励合伙人，企业常常设置各种激励措施。有的是长期的，有的是短期的。通常来说，长期激励就是股权，短期激励则是工资、奖金等。

每种激励措施有其不同的激励效果，在实际应用中，往往是各种措施组合使用，以达到最大的激励效果。也就是说，在合伙人的收益体系中，合伙人除了能获得股权收益，还能够获得一些附加收益。

下面简单介绍几种比较常见的附加收益。

1. 红利

红利是企业盈利之后，合伙人按照出资比例而获得的一种收入。这种收益主要针对拥有股权的合伙人，是股东增加收入的一种重要方式。股东除了能获得股权带来的股息，在企业盈利之后，还能获得一定数额的分红，而且企业的盈利越多，分红就越多。

分红是不固定资产，只有在企业有盈利时，被激励的合伙人才能得到。通常来说，分红有项目收益分红和岗位分红两种形式。项目收益分红，按照具体的项目实施独立的财务管理，并按照国家统一的会计制度进行相关审核，反映的是该具体项目的收益分红情况。岗位分红，按照合伙人所处的岗位及岗位重要程度而进行的分红。

2. 工资

在传统的雇佣企业中，工资是员工收入的重要组成部分，甚至可以说，工资占据收入的大半。但在合伙制企业中，工资却不是合伙人的必须所得，更多是作为一种短期激励手段而存在的。

如果合伙人是股东，可以获得股息或分红，那么一般是没有工资的；如果既是股东又是员工，那么可以领取一定数额的工资；如果仅仅是员工，那么应该按照相关规定获得工资，并享受应有的各种福利。

3. 奖金

奖金是根据合伙人个人工作努力程度进行分配的，是合伙人作为企业股东或员工，按照实际工作情况优先分配的一种合理收益。也就是说，合伙人除了获得股息、工资之外，也有权按照工作的具体状况享有一定的奖金。

这种激励机制可以在短期内发挥较大的激励作用，在操作过程中需要注意几点：①设定一个比较合理的奖励比例；②适当缩短奖励周期；③舍得投资，不计较眼前的得失；等等。

4．其他福利

员工变为合伙人的过程中，企业可以给予他们权利、责任和福利等，让合伙人以主人翁的心态投入日常工作中。

在薪酬体系中，福利是非常重要的组成部分，也可以当作一种奖励手段。如果能长期坚持下去，往往可以产生很好的激励效果。一般来说，比较常见的福利有以下几种：①家庭型福利，如带薪陪产、组织旅游等；②生活关怀型福利，如购物卡、下午茶等；③女性福利，如美容券等；④特殊福利，如丧事假期等。

5．潜在收入

一般来说，这种收益仅在效益比较好的企业中才有，而且与企业领导层的个人意愿有着十分紧密的联系。

这种潜在收入大多是按揭式的，如配车、配房等给合伙人使用，而且合伙人在使用一定时间之后，这些奖励就归属于合伙人。在使用这种激励方式时，应该注意以下两点：①结合企业自身情况，设定合理的按揭期限；②许下承诺之后，一定要兑现诺言。

做企业的目的，通常是获取利益。在经营过程中，合伙人究竟能够获得哪些利益，往往是每个合伙人都会关心的话题。如果企业能够给予合伙人一些附加收益，那会让合伙人得到额外的满足，令他们获得更加满意的合伙体验。

一问一答

问 股份和分红有什么区别？

答 股份是股东在投入一定本金后，在公司拥有一定的地位、发言权、管理权和股票的转让权；分红是企业创下收益后给股东的一种奖励。股份和分红的具体区别见下表。

项目	区别
股份	具有一定地位，持有股份者参加股东会议，也可以得知公司深度机密的情况
	承担风险
	可转让和退出
分红	只是一种激励手段，不得参与股东会议和了解公司深度机密。在公司盈利时才能得到
	不承担风险
	无权转让和退出

第十章

预防风险，合伙之路走得更远

×

×

合伙企业的经营模式，给企业带来了新的发展思路，但其结构也决定了它在发展过程中充满了不确定性。可以说，与传统企业相比，合伙企业面临更多的潜在风险。如何降低风险，是合伙人在建立合伙企业之前必须考虑的重要问题之一。

风险1：未签订合伙协议

合伙协议是合伙企业重要的法律性文件之一，用以规范和约束合伙人的一切权利和义务。具体而言，其内容主要包括合伙人享有的权利、合伙人的职责与义务、利润分成比例和违约责任等。

合伙协议既是确保合伙企业生存、发展的重要前提，也是减少不必要麻烦的重要保障。一旦企业出现问题、合伙人发生纠纷，就可以按照合伙协议中的相关约定进行处理。根据《中华人民共和国合伙企业法》的规定，合伙协议通常涉及以下内容。

（1）合伙企业的名称和主要经营场所的地点。

（2）合伙目的和合伙经营范围。

（3）合伙人的姓名或者名称、住所。

（4）合伙人的出资方式、数额和缴付期限。

（5）利润分配、亏损分担方式。

（6）合伙事务的执行。

（7）入伙与退伙。

（8）争议解决办法。

（9）合伙企业的解散与清算。

（10）违约责任。

合伙协议除符合以上基本规定外，不同类型的合伙企业的合伙协议中还要载明其他事项，例如有限合伙企业的合伙协议还应当载明以下事项。

（1）普通合伙人和有限合伙人的姓名或者名称、住所。

（2）执行事务合伙人应具备的条件和选择程序。

（3）执行事务合伙人权限与违约处理办法。

（4）执行事务合伙人的除名条件和更换程序。

（5）有限合伙人入伙、退伙的条件、程序以及相关责任。

（6）有限合伙人和普通合伙人相互转变程序。

合伙人决定创立合伙企业，说明合伙人有共同的奋斗目标，在事业上有相同的追求。可是，理想上具有共同点并不意味着就可以持续稳定地合作下去。为了维持企业的长期发展，合伙人还需要用法律法规来约束彼此，这既是对自己负责，也是对企业负责。

签订合伙协议，不仅能保障合伙人的利益，也能为企业的发展奠定坚实的法律基础。这是一种负责任的态度，也是一种职业精神。

一问一答

问　合伙人出现哪些情况，可以被除名？

答　根据《中华人民共和国合伙企业法》的规定，合伙人有这些情形之一的，经其他合伙人同意，可以决议将其除名：①未履行出资义务；②因故意或重大过失给合伙企业造成损失；③执行合伙事务时有不正当行为；④发生合伙协议约定的事由；等等。

风险2：事务管理权过分集中

在合伙制企业中，企业的各项事务通常由各合伙人共同掌管。但是具体掌管什么事务，拥有的权力大小，还要根据合伙人自身的能力、专长、出资类型和出资比例等因素综合确定。

在实践中，为了明确各合伙人的责任和义务，提升整体工作效率，合伙人之间很有必要制定一个关于合伙事务处理的方案。

在大部分的合伙企业中，尤其是一些业务单一、销量有限的中小型企业中，事务处理方案通常是合伙人协商得来的。而规模较大、经营活动活跃的企业中，如果想要在所有事务上都达成一致将会变得非常困难。

在这种情况下，企业内部极有可能出现另一种反常现象，那就是事务管理权过分集中在某些合伙人手中。通常来说，这种风险主要表现在以下几个方面。

1. 经营垄断

按照相关规定，要在一定比例的合伙人甚至全部合伙人都同意的情况下，合伙制企业的一些重要经营决策和影响合伙事务的决策才能实施。但在实际经营活动中，经营活动的控制权往往都掌握在有销售资源的合伙人手中。

在这种情况下，其他合伙人很难知晓经营的具体细节和事实，于是会产生信息的不对称。一旦如此，合伙人之间难免产生矛盾甚至纠纷，对公司运营来说毫无益处。

2. 财务垄断

合伙人制度是一种相对灵活的企业构建模式，各合伙人对企业拥有共同的权利和义务。基于共享利益这一准则，各合伙人都应该对财务方面的情况有所了解，以确保自己获得应得的权益。然而，在实际运营中，财务通常被经营者把控。

如果其他合伙人想要查账，往往会被拒绝，即便没有被拒绝，能够看到的账册也可能是经过处理的。经营者长期将财务掌控在自己手中，对其他合伙人的权益是一种损害，最终会引发合伙人之间的矛盾。

3. 转移合伙财产

在合伙企业中，合伙财产不像股份企业、有限责任公司那样全部隶属于公司，所以很容易被个别不法合伙人转移。这种将合伙财产私自转让给第三方的行为在法律上是不被允许的。

为了避免出现此类风险，合伙人之间需要签订协议，以便规范合伙人财产的处理流程。通常来说，常见的处理原则有以下几个。

（1）无论各合伙人的出资额是多少，都按照每人一票的方式来决定企业中的事务。

（2）各合伙人的决策权利大小由出资比例来决定。

（3）根据各合伙人的职责、决策事项和专长等，建立较为复杂但公平的决策机制。

在合伙制企业的经营过程中，管理权的分配往往是一个需要充分分析和解决的问题。一旦事务管理权过分集中在某位合伙人手中，那么企业的性质和结构就可能发生变化。一旦如此，整个企业都可能不复存在。

一问一答

问　合伙人在执行事务管理的过程中出现违法行为应如何处理？

答　根据《中华人民共和国合伙企业法》的规定，合伙人执行合伙事务，或者合伙企业从业人员利用职务上的便利，将应当归合伙企业的利益据为己有的，或者采取其他手段侵占合伙企业财产的，应当将该利益和财产退还合伙企业；给合伙企业或者其他合伙人造成损失的，依法承担赔偿责任。

风险3：财务制度存在漏洞

对合伙制企业来说，财务制度方面的漏洞是非常可怕的隐患之一。不仅因为财务方面的问题更容易违反法律法规，还因为财务制度的漏洞会让合伙人的权益受到直接的损害。

所以，制定合理的财务制度和完善的企业财务会计制度，是合伙企业持续合法经营的重中之重。无论是处于初创期的企业，还是处于成熟期的企业，都要在会计准则方面达成协议，并且要找到专业的财务人员来担负这一工作。

在合伙制企业中，其财务制度主要包括以下内容。

1. 合伙人的出资额，企业支付的费用

合伙企业注册成立之前，各合伙人所花的费用计入合伙人的出资额，合伙人足额认缴出资。企业依法注册成立之后，各项开支计入企业费用，从企业注册资金中支出，合伙人个人无须继续承担企业支出费用。合伙人用于企业正常经营所花的实际费用，按照企业财务制度的相关规定，由财务人员给予报销。

2. 利润分配

一般认为，利润分配指的是按照合伙人的出资比例对企业所得的净利润进行相应分配。所谓净利润，指的是企业在支出各项费用、依法纳税并提取三金之后所得的利润。按照常规，合伙人的投资会以利润分配的方式逐年回收，且每个会计年度进行一次分配。

3. 年度财务会计报告

企业应该在每一会计年度终了时制作财务会计报告，并由财务在规定的时间期限内送交各合伙人，如果有亏损，应该做详细的书面说明。

除了上述几项内容，财务制度中还应该明确以下两点。

（1）企业必须以其全部财产对合伙债务承担无限连带责任，如果企业的全部财产都不足以清偿对一般债权人和合伙企业债权人的债务，那就按照相应的比例进行清偿。

（2）根据《中华人民共和国合伙企业法》的规定，合伙人在合伙企业彻底清算前，不得请求分割合伙企业的财产。

在每一家企业中，财务制度都是一项不可或缺的重要制度。一家企业想要生存和发展，首先要建立完善的财务制度。合伙企业作为企业经营的一种重要形式，必须有相应的财务制度来做保障，依法建立财会制度，并严格执行该制度，以使企业各方面的管理更制度化和规范化。

一问一答

问 企业年度财务会计报告中主要包括哪些财务报表，它们各有什么作用？

答 在企业的年度财务会计报告中，主要包括：①资产负债表，反映企业某一时点财务状况的会计报表；②利润表，反映企业在一定期间（如年度、季度或月度）内的生产经营成果（或亏损）的会计报表；③股东权益（所有者权益）变动表，反映企业在一定期间（如年度、季度或月度）内，股东权益的各组成部分当期增减变动情况的会计报表；④现金流量表，反映企业一定时期内资金流转状况的会计报表；⑤财务报表附注，提供企业会计报表信息生成的依据，并提供无法在报表上列示的定性信息和定量信息，从而使得会计报表中数据的信息更加完整。

风险4：隐名合伙带来的法律风险

在合伙制企业的各种表现形式中，有隐名合伙这样一种特殊的形式。

那么，什么是隐名合伙呢？隐名合伙指的是隐名合伙人只通过投资来分享企业的经营利润，并以出资额为最大限度来承担企业的亏损责任，但并不参与企业的实际经营活动的合伙形式。

在不同的国家，对隐名合伙的认知和定义也有所不同。但是，隐名合伙中产生的隐名合伙人，在很多国家普遍存在，法律对其权利和义务也有明确的条款和规定。

隐名合伙人不会出现在企业登记中，他们的权利和义务都通过合伙协议来约定。针对这种情况，为了减少无谓的风险，双方的约定就变得非常重要。

对于隐名合伙人，以下几个问题需要多加注意。

1. 隐名合伙人不参与公司的经营管理

从某种意义上说，隐名合伙人只是单纯的投资者，他们仅仅承担有限责任，如果他们参与公司的经营管理，很可能出现盲目冒进、无视成本、滥用职权等情况，由此造成的信用风险相对会比较高一些。

因此，在合伙企业的经营中，隐名合伙人只要扮演好投资者的角色就好。

2. 隐名合伙人的出资形式只能是财产

隐名合伙人不参与公司的实际经营管理，意味着他们没有为公司的经营发展付出劳动，也就不具备劳务出资的基本条件。依照法律规定，隐名合伙人只能以货币的形式出资。

3. 隐名合伙人不具有相应的法律地位

在合伙企业中，隐名合伙人只是在幕后投入资金，他们的法律地位并不会在公司架构中得以显示。也就是说，无论公司盈利还是亏损，隐名合伙人的姓名都在保密范畴内，其他合伙人不得向外披露。所有人在签订隐名合伙协议时，要明确规定普通合伙人对隐名合伙人具有保密义务。

可是，在面临亏损局面时，有些合伙人可能会为了减少损失或其他目的而披露隐名合伙人的姓名，这就很容易引发法律纠纷，给公司带来不必要的麻烦。

隐名合伙人能给合伙企业带来资金，这对企业发展有巨大的帮助。可是，由于隐名合伙人身份的特殊性，其中难免存在一些潜在的法律风险，在商业活动，各合伙人需要慎重处理每一个问题，以免让企业陷入法律纠纷中。

一问一答

问　隐名合伙有哪些特征？

答　①依法依规出资，并以出资额分享企业的经营利润，承担相应的亏损责任；②不参与企业的实际经营活动。

风险5：劳务出资隐含的问题

合伙人合伙做企业时，出资方式多种多样。除了现金、知识、技术外，还有劳务。在各种出资方式中，劳务出资是一种比较特殊的方式。因为劳务不像现金那样可以直观的量化，也不像知识、技术那样有明确的法律法规作为保护屏障。

所以，当出资人提出以劳务的形式出资时，其合伙人一定要慎重对待，因为这其中可能隐含着很多问题。一旦处理不好，这些问题将会给合伙人带来法律方面的麻烦或纠纷。

通常来说，劳务出资中可能隐含以下四个方面的问题。

1. 劳务价值难以量化

关于劳务价值，无论是企业界还是法律上，都没有明确的规定，大部分是在长期实践中形成的约定俗成的定义。

一般认为，所谓劳务价值，通常指的是花在劳务生产上的耗费。在市场经济体制下，它是由劳务生产过程中的劳动耗费和劳务消费的社会必要劳动时间①共同决定的。

由此不难看出，虽然劳务具有价值，可是想要用具体的数值进行量化确实比较困难。大多数情况下，只能依赖合伙人相互沟通和协商，达成一个比较统一的、双方都能接受的意见。

由于协商意见具有一定的局限性，且带有强烈的个人意愿，所以其中难免存在一些不确定的因素。所以，在合伙人仅仅同意以劳务出资时，对合伙协议的内容应该慎之又慎，并以文件的形式明确下来，以尽可能地避免风险。

2. 劳务出资的合伙人权责不对等

按照合伙企业的建构理念，合伙人应该共负盈亏，一起承担经营风险，对外承担无限连带责任。劳务出资的合伙人投入了劳务，自然有权分享收益。可是，他们并不具备财产出资能力，一旦企业出现亏损的情况，他们很难承担起财务方面的责任。

也就是说，那些只以劳务出资的合伙人，在企业内的责任通常很难明确划分。在实际经营过程中，很容易出现权责不对等的情况，由此给合伙企业带来隐患。

为了减少可能出现的隐患，在合伙协议中应该明确只以劳务出资的合伙人是否需要像正常合伙人那样承担相应的责任。

3. 劳务出资的合伙人停止提供劳务

劳务出资也是出资，只要其他合伙人同意劳务出资人入伙，那

---

① 社会必要劳动时间：在现有的社会正常的生产条件下，在社会平均的劳动熟练程度和劳动强度下制造某种使用价值所需要的劳动时间。

就意味着只以劳务出资的合伙人拥有了合伙企业的相应股权，有权分享相应利益。

问题在于，劳务出资的合伙人可能会出现劳动能力下降、劳动技术不足等问题，当他们无法满足企业的工作要求时，他们能够提供的劳务将会有所减少，乃至于出现劳动能力或技术丧失的情况。一旦如此，那么劳务出资的合伙人为企业发展所做的贡献也将大大减少。

在此种情况下，其他合伙人很可能想要降低劳务出资的合伙人所占有的股份份额。如果劳务出资的合伙人不同意，那么企业内部将会发生争议甚至分歧，这对企业来说是一个非常不利的因素。

4. 劳务出资的合伙人无故退伙

对合伙企业来说，劳务出资的合伙人应该拥有多少股权及合伙财产如何分配等问题，通常是很难厘清的。

在劳务出资的合伙人没有退伙的情况下，这些问题还只是隐性存在的。一旦劳务出资的合伙人无故退伙，各种问题就会集中爆发出来。例如，企业缺少与劳务出资的合伙人技能相当的员工，很可能给企业的生产和运营带来巨大的影响，令企业蒙受重大损失。

当所有隐性问题突然间都变成显性问题时，企业所面临的压力和风险将让其他合伙人难以招架，企业最终可能陷入难以挽回的被动局面，而一切的根源正是劳务出资的合伙人仅以劳务出资入伙带来的隐患。

一问一答

问 哪些合伙人不可以用劳务出资呢？

答 根据《中华人民共和国合伙企业法》的规定，有限合伙人可以用货币、实物、知识产权、土地使用权或者其他财产权利作价出资，但不得以劳务出资。

风险6：投资财产归属不明

在合伙企业中，合伙人出资的形式是多种多样的，既有现金、实物，也有知识产权、技术使用权，还有人力资本出资等。多样的出资形式，使得合伙企业的资本构成丰富多彩。

可是，无论是哪种出资形式，都要面对一个相同的问题，那就是投资财产的归属问题。关于这个问题，合伙人一定要加以重视。

不同的出资形式，其产生的财产归属也是不同的。为了避免出现无谓的资产受损的情况，合伙人有必要在合伙协议中做出相应的约定，或者另外签订一份合伙企业财产协议，在其中约定好财产出资形式及权利、义务等。

具体而言，合伙财产协议应该包括以下内容。

1. 合伙财产的登记、备案

合伙财产的登记、备案是明确合伙财产归属的重要步骤，在合伙协议中必须做出相应的约定。约定的内容应包括财产登记手续的办理权利者和义务者，所有权、他物权的归属，以及办理费用等。

对于商标许可使用权、专利许可使用权等无须进行审批的文件，要把相关合同、协议等拿到有关部门做好备案。

2. 合伙财产的归属问题

提及合伙财产，很多人会认为合伙财产归所有合伙人共有，实际情况却不是这样。合伙财产的归属问题相对比较复杂，需要根据企业的真实情况进行分析。

无论合伙人以何种形式（现金或财产、房屋或土地的使用权、人力资本、无形资产等）出资，都需要在合伙协议中做出明确的约定。如果约定不明，难免会出现不必要的争议，甚至带来法律风险。

3. 合伙财产的处理方式

合伙制企业在经营的过程中，难免会出现一些分歧、争议等，一旦合伙人感觉无法继续合作下去，那么各方只能选择散伙。一旦出现散伙的情况，合伙财产如何处理将成为每个合伙人需要面临的问题。

为了避免在散伙时因处理合伙财产而发生争执，合伙人很有必要在合伙财产协议中对此做出明确的约定，这样在需要处理合伙财产时才能做到有据可依，降低出现麻烦的可能性。

涉及财产的问题，往往都是比较棘手的，尤其是在企业中。毕竟，合伙人做企业的目的是获取利益，如果财产受损，往往是难以接受的。因此，在合伙财产协议中明确约定财产归属，这也是对合伙人财产的一种保护。

一问一答

问 不同类型的合伙财产，应该如何确定其归属？

答 ①以现金或财产的所有权出资的，应视为共有财产；②以房屋、土地的使用权出资的，在合伙经营期间，全体合伙人可共享使用权，但不享有所有权；③以劳务、技能等人力资本出资的，因它们具有行为性的特征，所以不能成为企业的财产；④以商标、专利等无形资产出资的，既能以所有权出资，也能以使用权出资，需要具体分析。